Paradiddle Fills

Paradiddle Fill Trainer

Training & Sightreading for Professional

Drums-Online.org

Workout Serie

Paradiddle Technics 1

Von: Thomas Stan Hemken

www.drums-online.org

Impressum

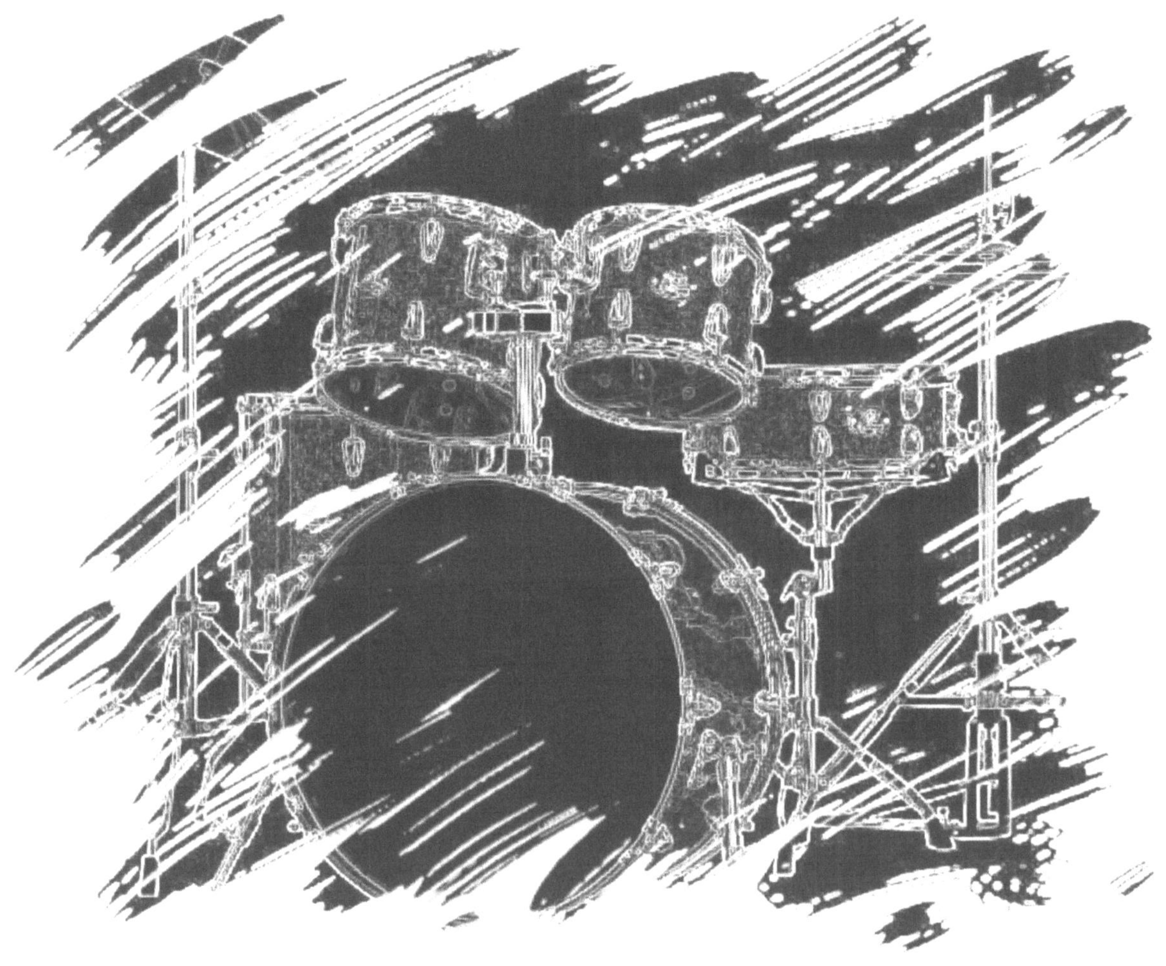

Bibliografische Information der Deutschen Nationalbibliothek:
Die Deutsche Nationalbibliothek verzeichnet diese Publikation in der Deutschen Nationalbibliografie; detaillierte bibliografische Daten sind im Internet über http://dnb.dnb.de abrufbar.

www.drums-online.org
Herstellung und Verlag: BoD – Books on Demand, Norderstedt

ISBN: 9783738656879

Vorwort

Hallo,

schön dass Du dich entschieden hast, deine Spielkunst mit diesem Paradiddle Trainer zu erweitern.

Paradiddle sind eine sehr populäre Spieltechnik, bei der es sehr lohnenswert ist, sie genauestens zu studieren.
Paradiddle kombinieren eine Schlagtechnik aus Single & Double.
Ihre Anwendung erlaubt Soundkombinationen, die ohne Paradiddle so nicht möglich wären.
Das Ergebnis ist ein Zuwachs an Virtuosität (Spielkunst) um das Vielfache.

In diesem Buch zeige ich viele gute Aspekte der Paradiddle in Fills. Du kannst sie sofort in dein Spiel intergrieren.
Ich empfehle Dir, die Fills mit Grooves zu kombinieren.
Also, spiele vor jedem Fill einen beliebigen Groove. Die Paradiddle Grooves werden auch sehr bald erscheinen.

Und nun viel Spaß beim Training!

Schau Dir unbedingt auch die anderen Bücher von mir an!

Ich freue mich immer über einen Besuch auf:
www.drums-online.org

Thomas Stan Hemken

Index

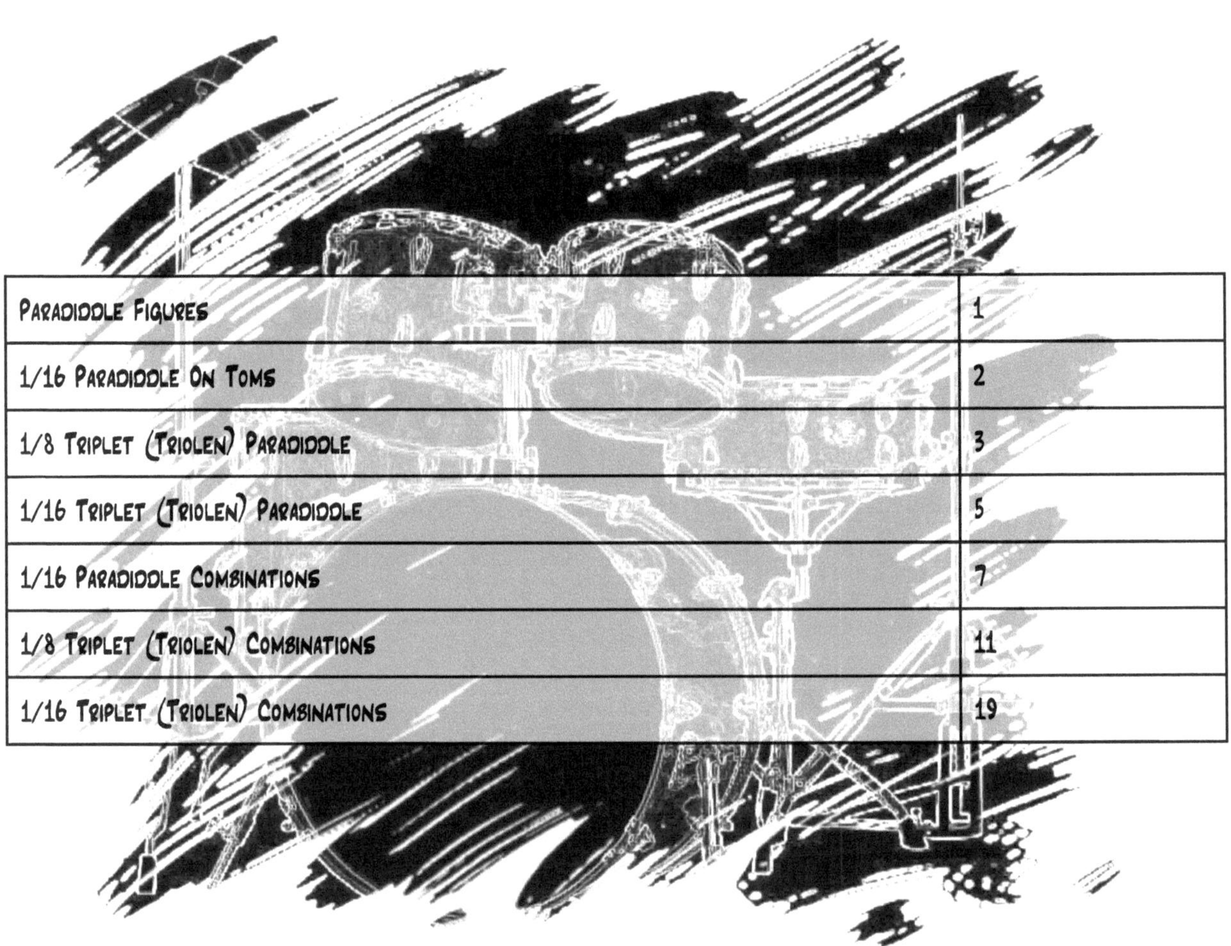

Paradiddle Figuren

See Workshop!: Paradiddle in Natural Motion on: www.drums-online.org

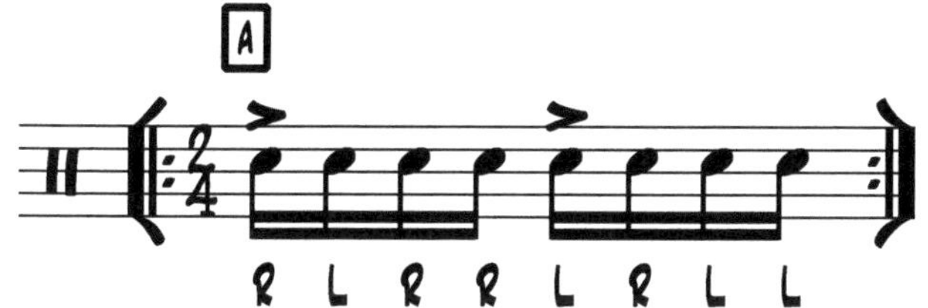

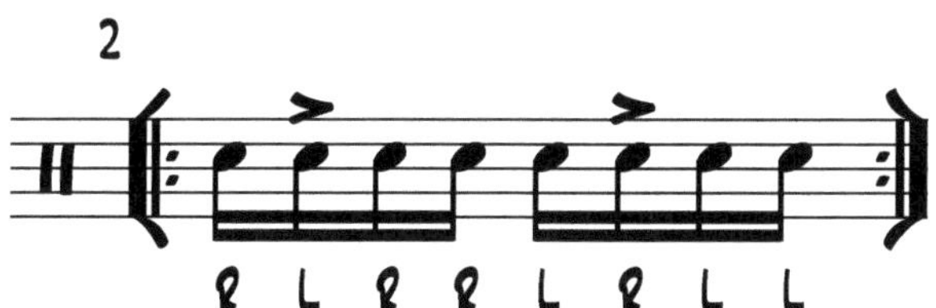

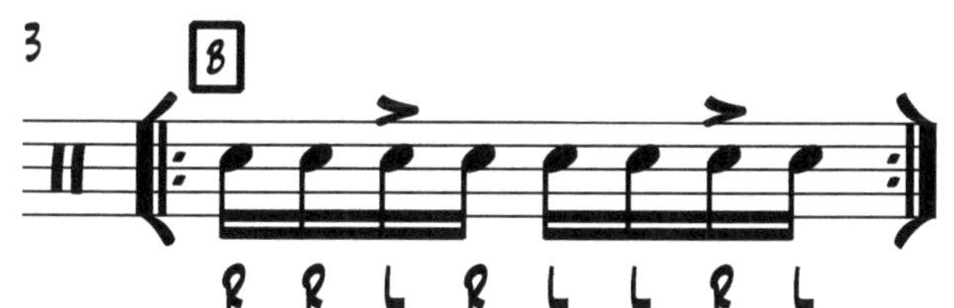

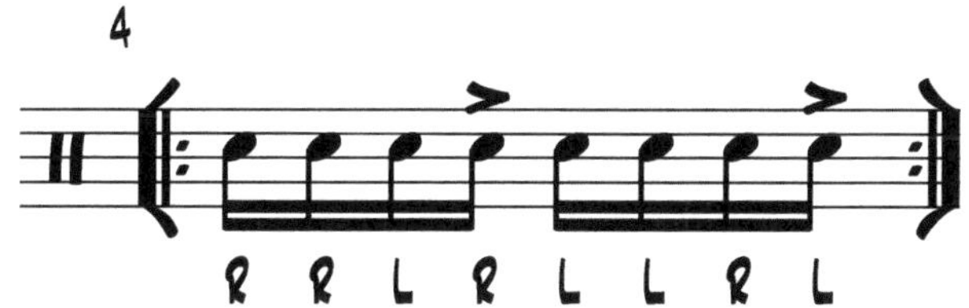

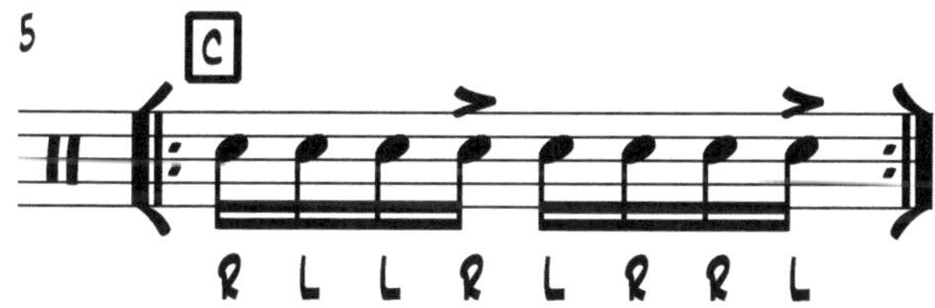

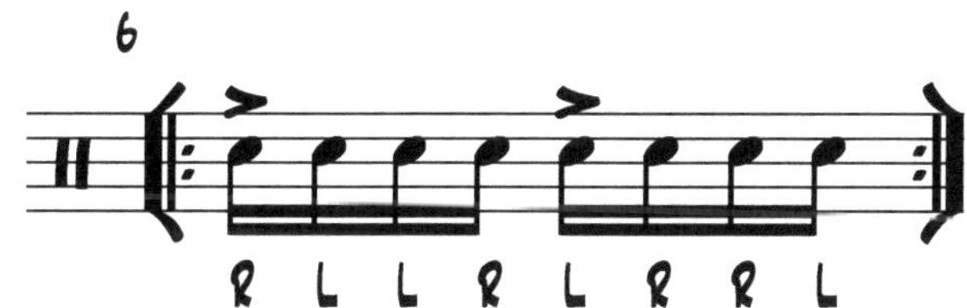

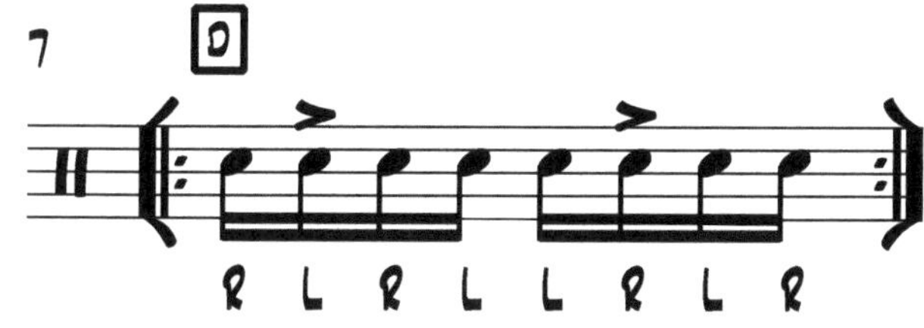

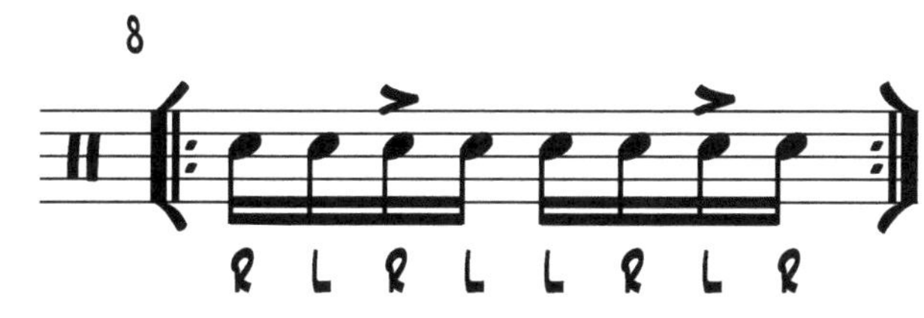

Paradiddle On Toms

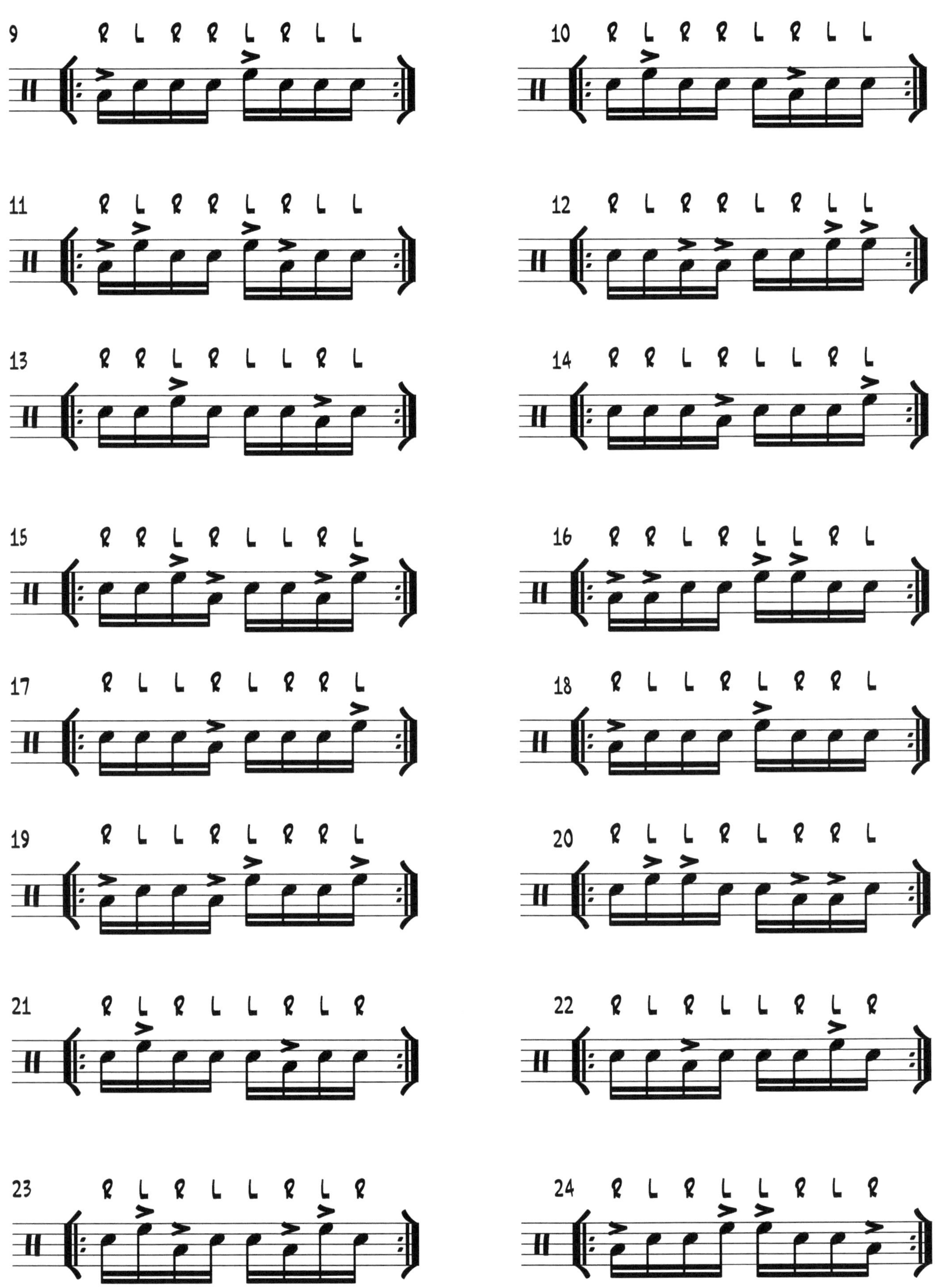

1/8 Triplets (Triolen)

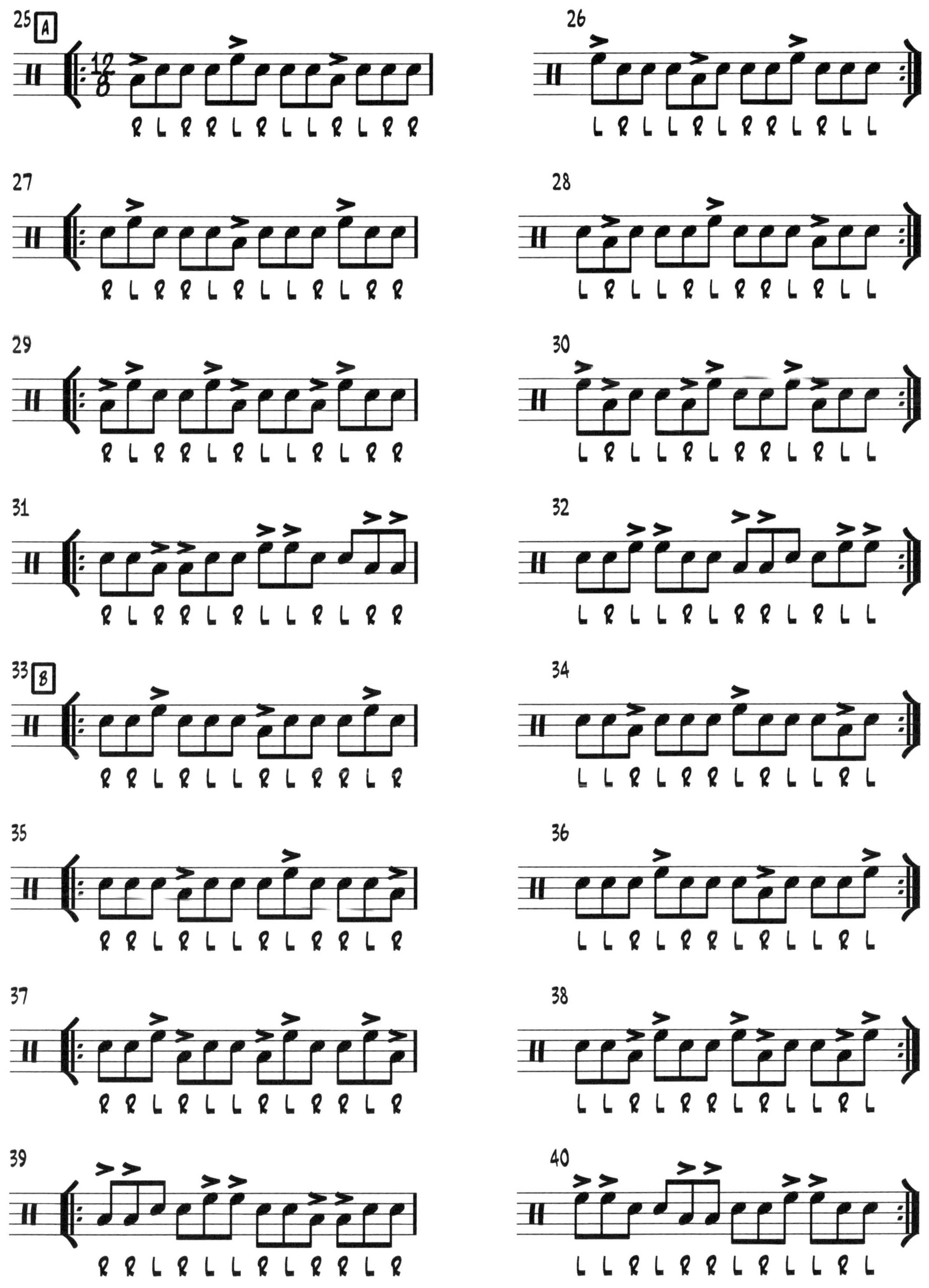

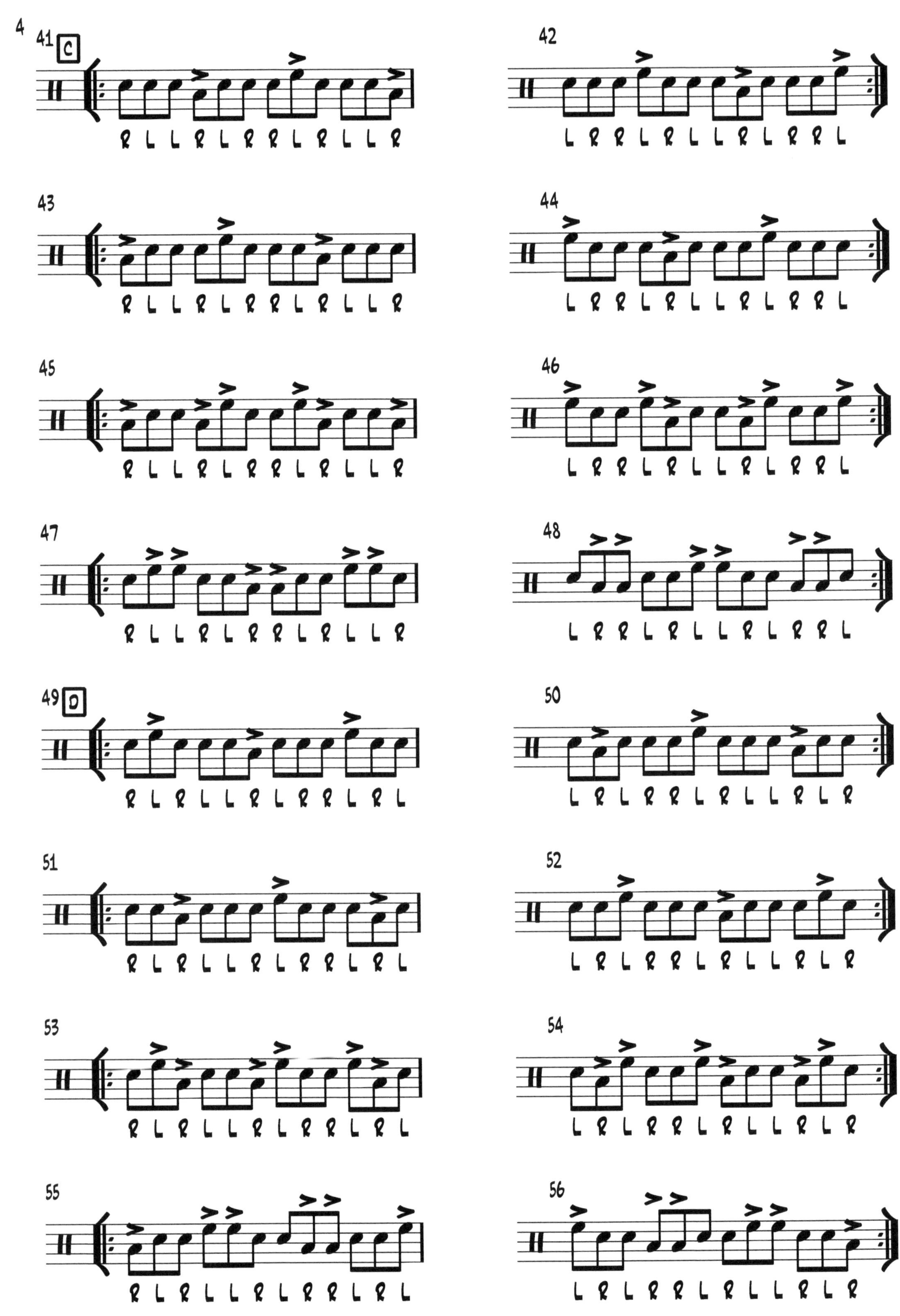
41 C
R L L R L R R L R L L R
42
L R R L R L L R L R R L
43
R L L R L R R L R L L R
44
L R R L R L L R L R R L
45
R L L R L R R L R L L R
46
L R R L R L L R L R R L
47
R L L R L R R L R L L R
48
L R R L R L L R L R R L
49 D
R L R L L R L R R L R L
50
L R L R R L R L L R L R
51
R L R L L R L R R L R L
52
L R L R R L R L L R L R
53
R L R L L R L R R L R L
54
L R L R R L R L L R L R
55
R L R L L R L R R L R L
56
L R L R R L R L L R L R

1/16 Triplets (Triolen)

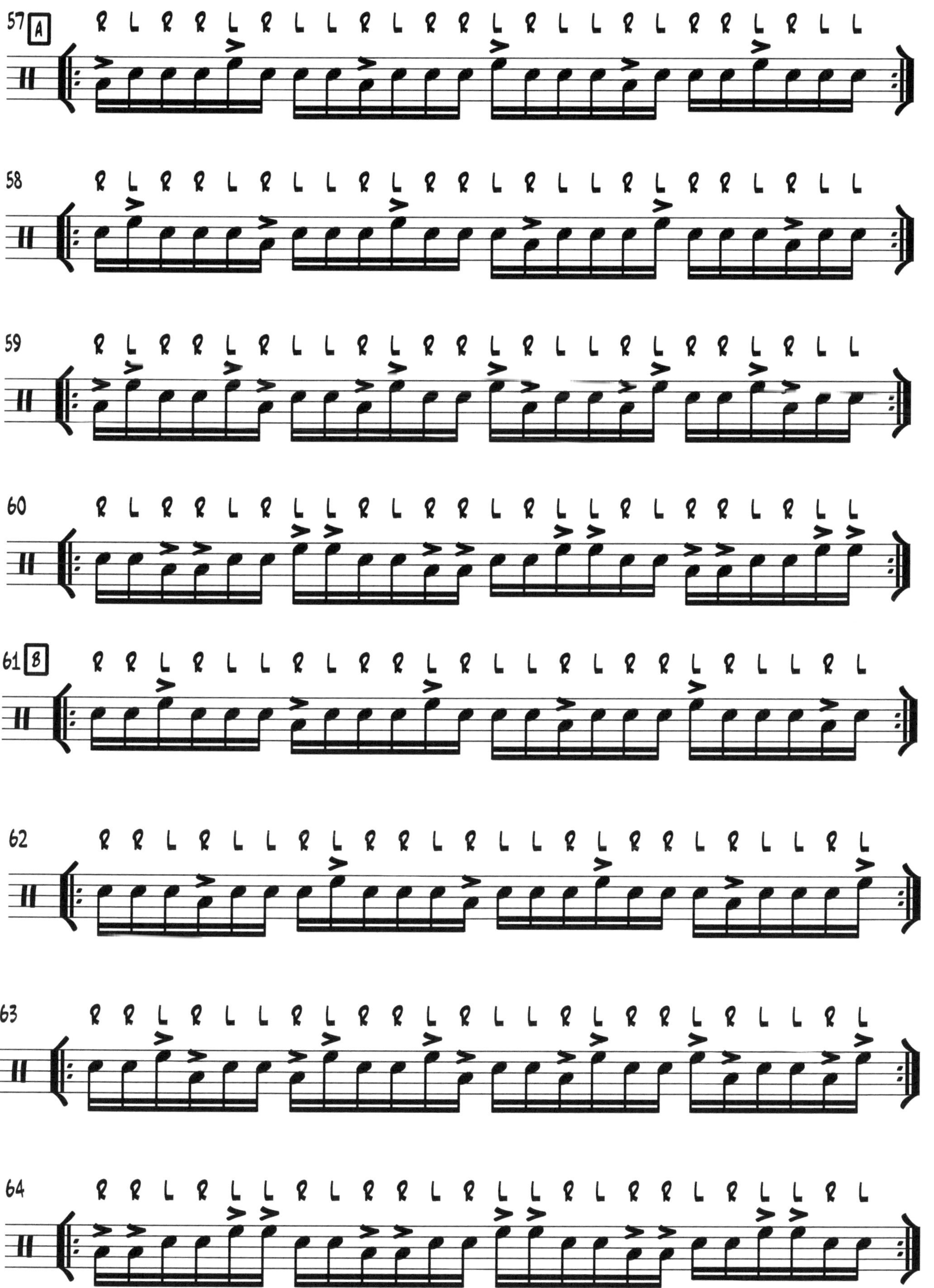

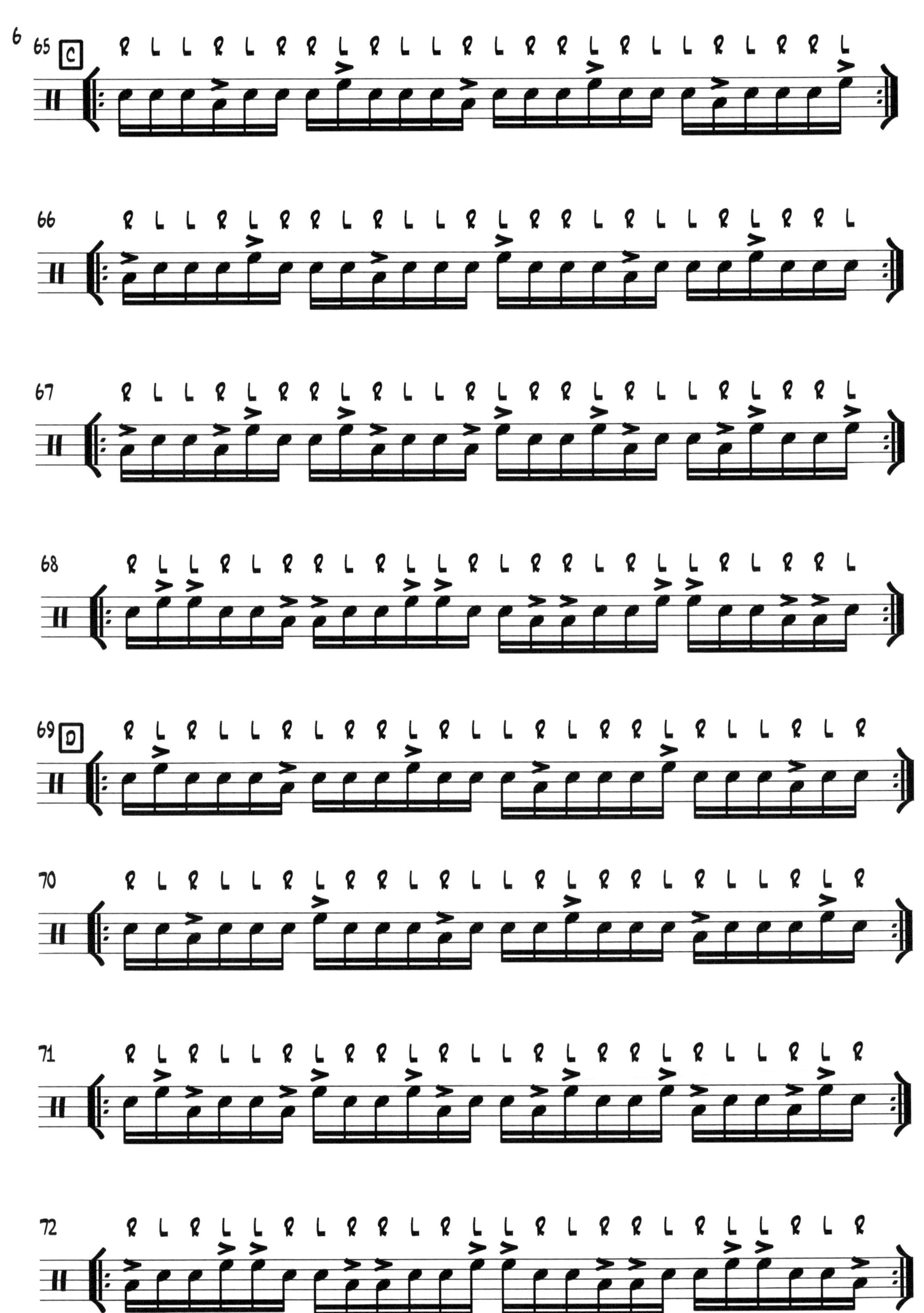
65 C
R L L R L R R L R L L R L R R L R L L R L R R L
66
R L L R L R R L R L L R L R R L R L L R L R R L
67
R L L R L R R L R L L R L R R L R L L R L R R L
68
R L L R L R R L R L L R L R R L R L L R L R R L
69 D
R L R L L R L R R L R L L R L R R L R L L R L R
70
R L R L L R L R R L R L L R L R R L R L L R L R
71
R L R L L R L R R L R L L R L R R L R L L R L R
72
R L R L L R L R R L R L L R L R R L R L L R L R

1/16 Combinations

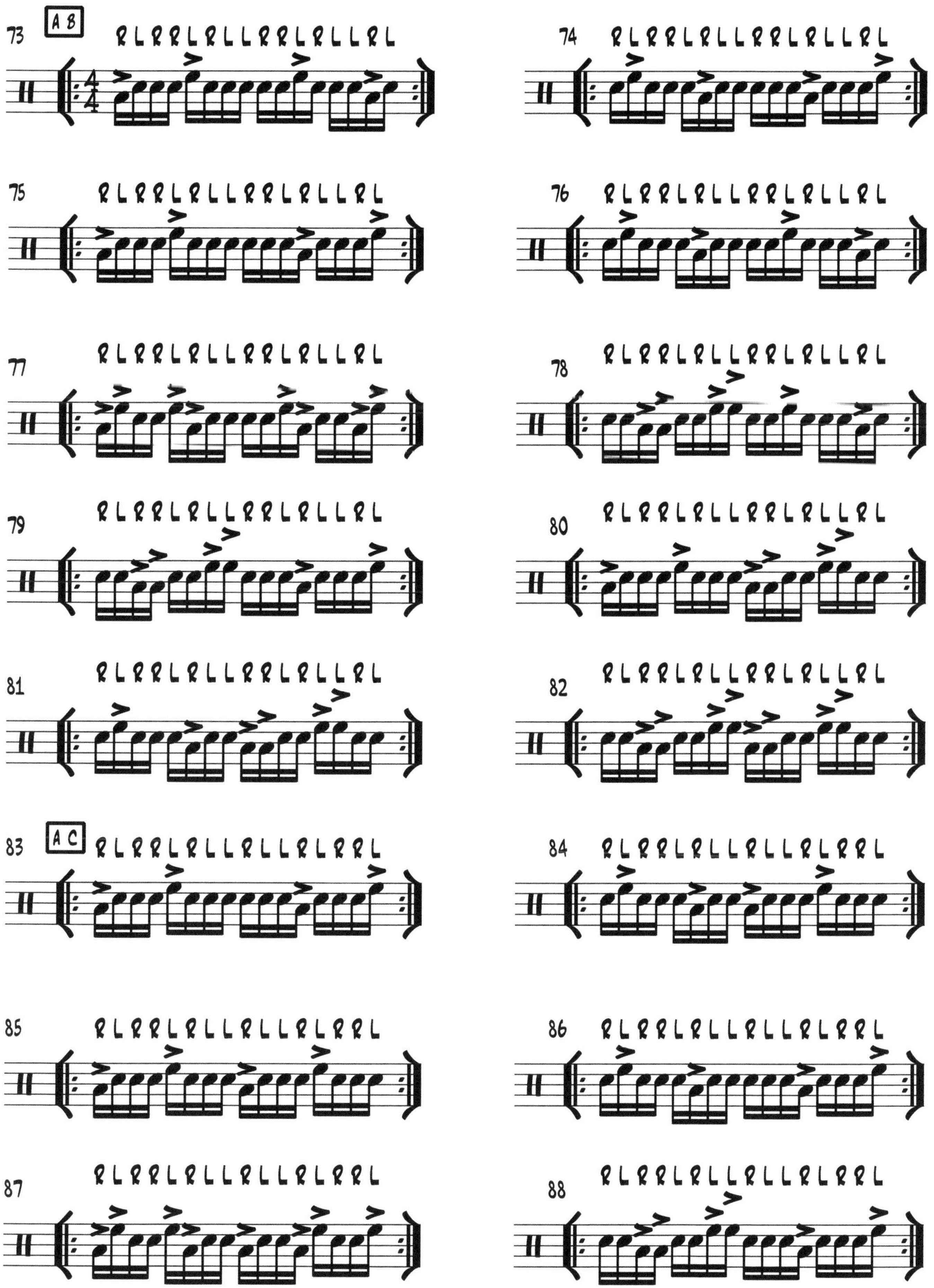

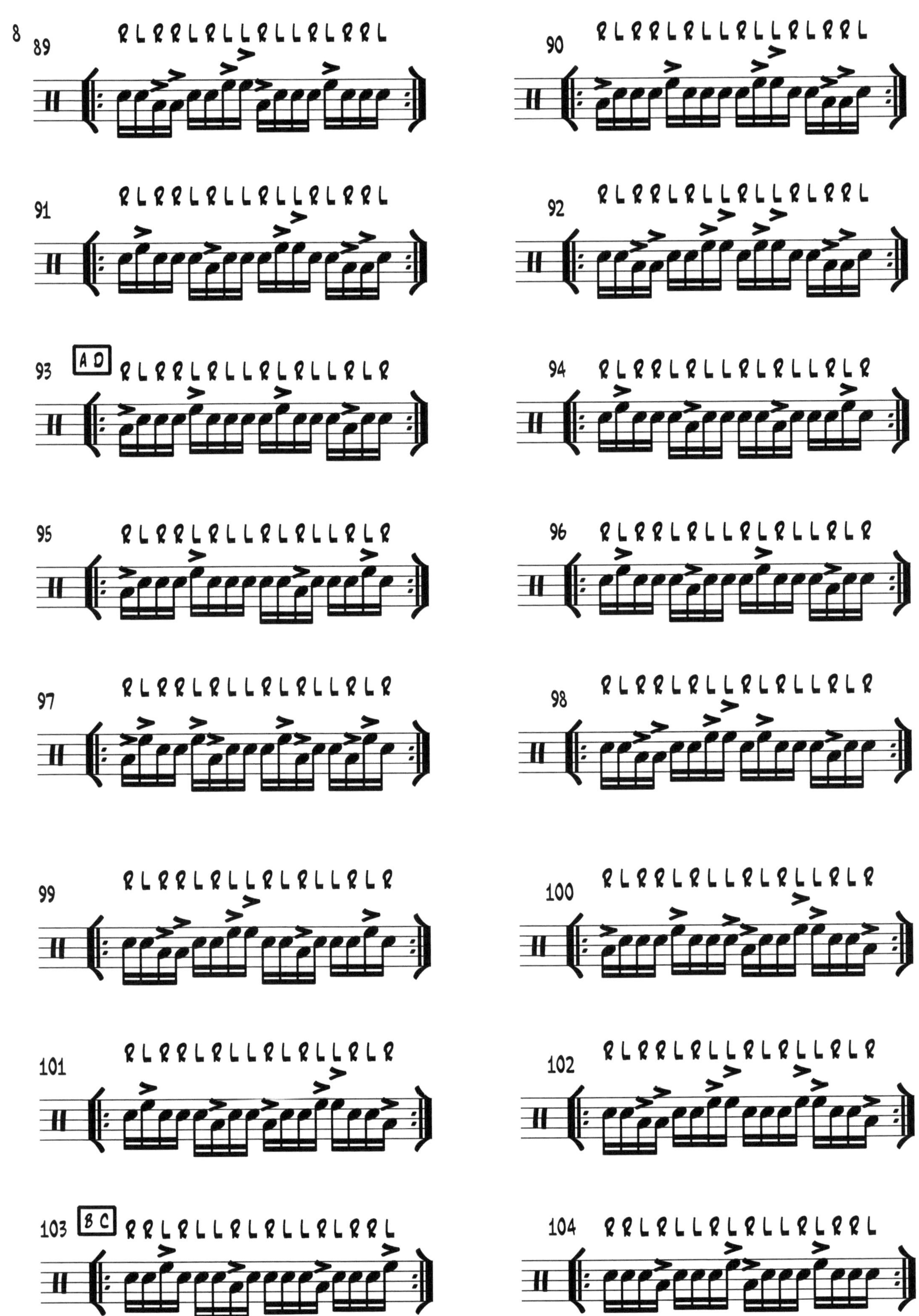
89
R L R R L R L L R L L R L R R L
90
R L R R L R L L R L L R L R R L
91
R L R R L R L L R L L R L R R L
92
R L R R L R L L R L L R L R R L
93
A D
R L R R L R L L R L R L L R L R
94
R L R R L R L L R L R L L R L R
95
R L R R L R L L R L R L L R L R
96
R L R R L R L L R L R L L R L R
97
R L R R L R L L R L R L L R L R
98
R L R R L R L L R L R L L R L R
99
R L R R L R L L R L R L L R L R
100
R L R R L R L L R L R L L R L R
101
R L R R L R L L R L R L L R L R
102
R L R R L R L L R L R L L R L R
103
B C
R R L R L L R L R L L R L R R L
104
R R L R L L R L R L L R L R R L

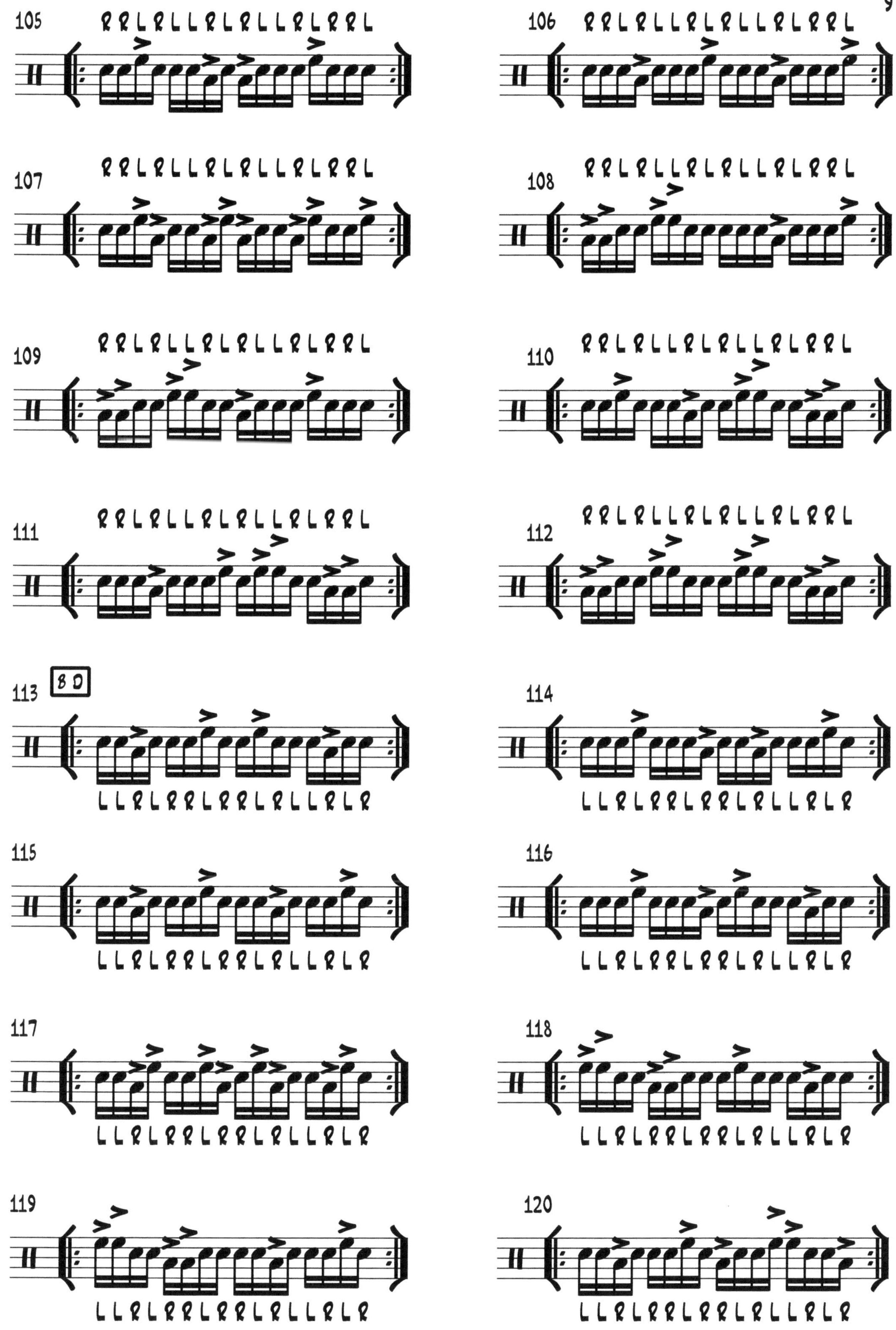
105
R R L R L L R L R L L R L R R L
106
R R L R L L R L R L L R L R R L
107
R R L R L L R L R L L R L R R L
108
R R L R L L R L R L L R L R R L
109
R R L R L L R L R L L R L R R L
110
R R L R L L R L R L L R L R R L
111
R R L R L L R L R L L R L R R L
112
R R L R L L R L R L L R L R R L
113
B D
L L R L R R L R R L R L L R L R
114
L L R L R R L R R L R L L R L R
115
L L R L R R L R R L R L L R L R
116
L L R L R R L R R L R L L R L R
117
L L R L R R L R R L R L L R L R
118
L L R L R R L R R L R L L R L R
119
L L R L R R L R R L R L L R L R
120
L L R L R R L R R L R L L R L R

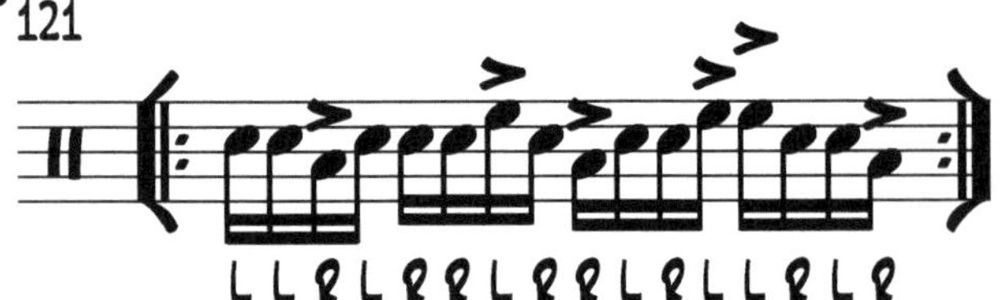
121
L L R L R R L R R L R L L R L R

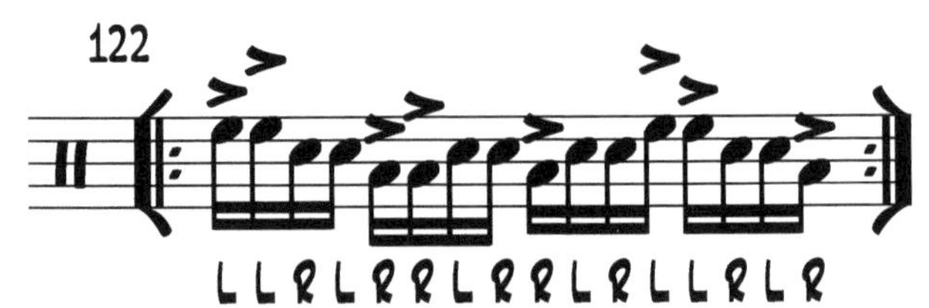
122
L L R L R R L R R L R L L R L R

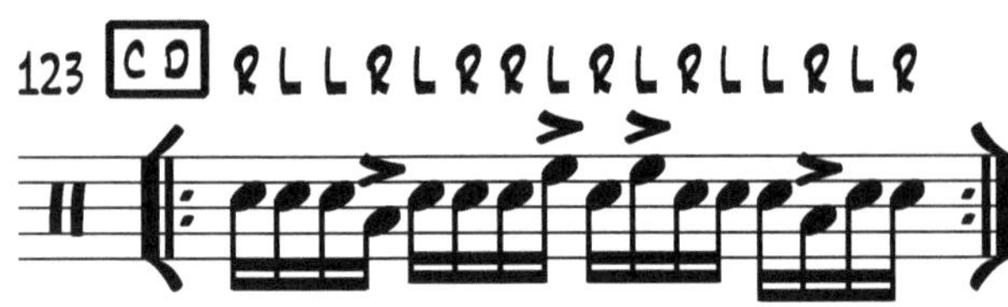
123
CD
R L L R L R R L R L R L L R L R

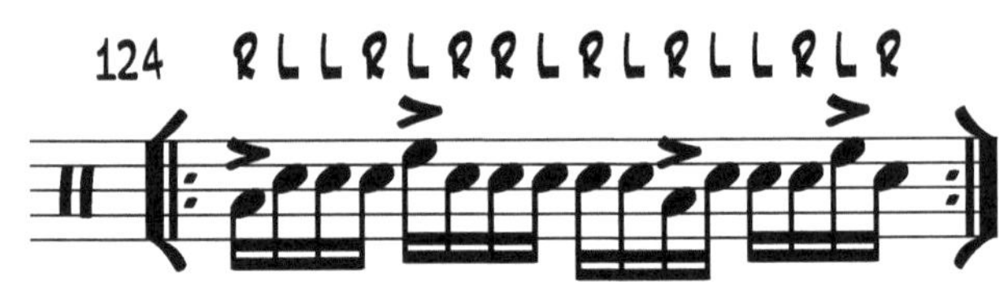
124
R L L R L R R L R L R L L R L R

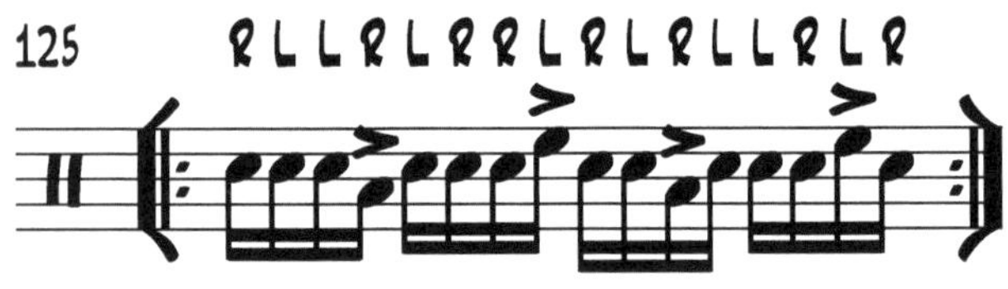
125
R L L R L R R L R L R L L R L R

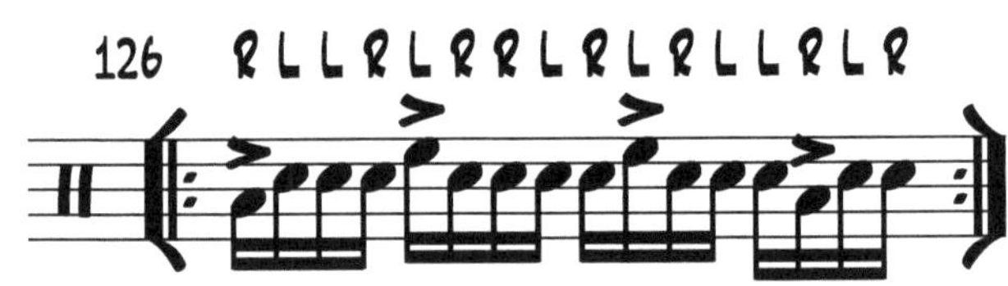
126
R L L R L R R L R L R L L R L R

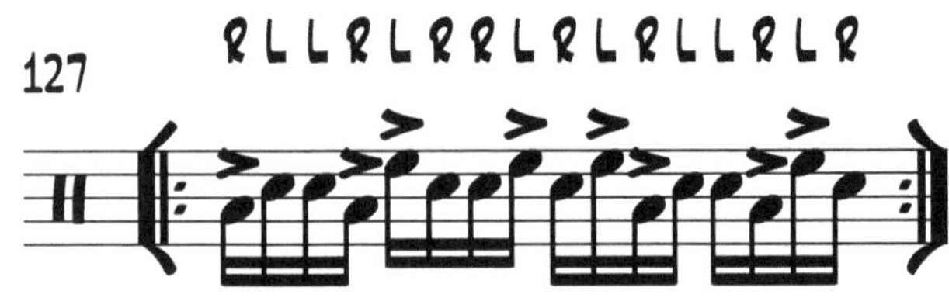
127
R L L R L R R L R L R L L R L R

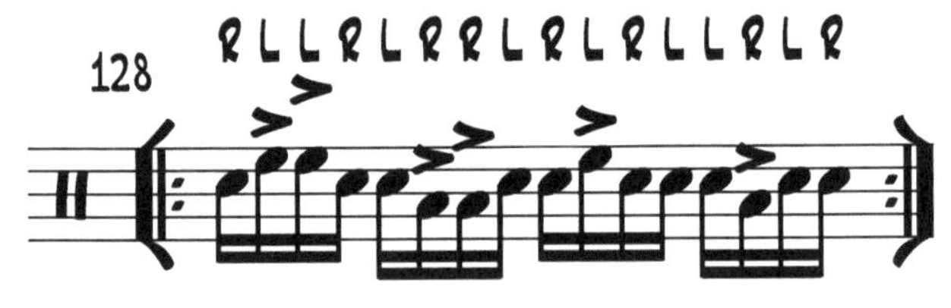
128
R L L R L R R L R L R L L R L R

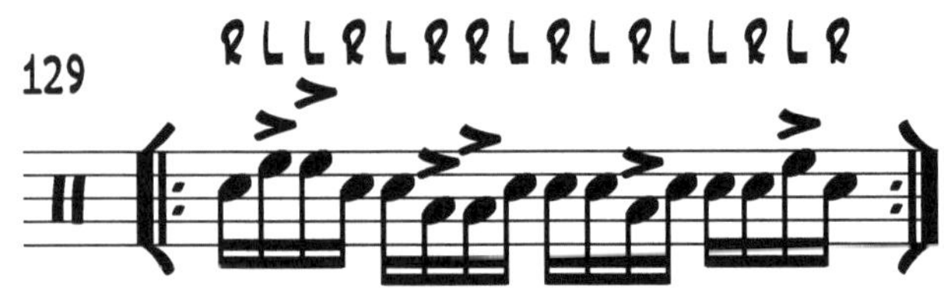
129
R L L R L R R L R L R L L R L R

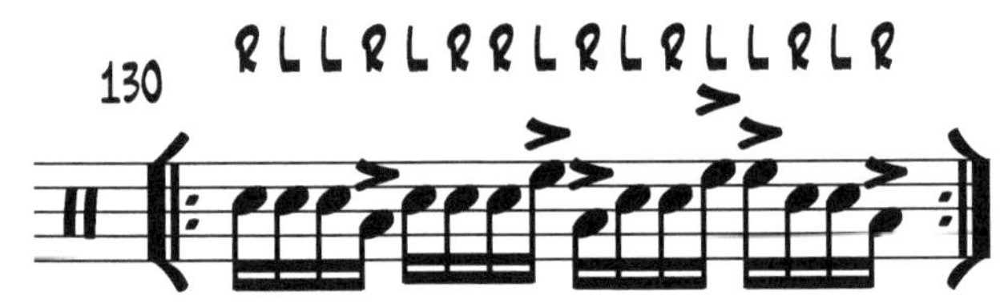
130
R L L R L R R L R L R L L R L R

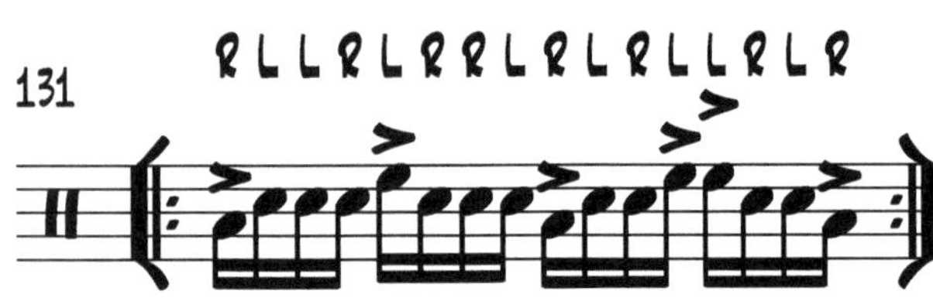
131
R L L R L R R L R L R L L R L R

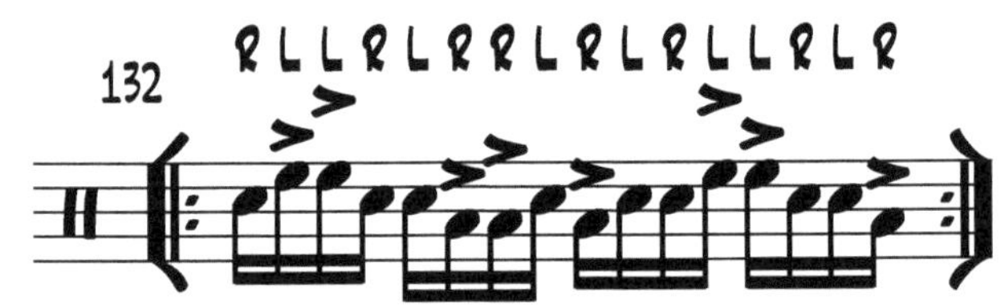
132
R L L R L R R L R L R L L R L R

1/8 Combinations Triplets

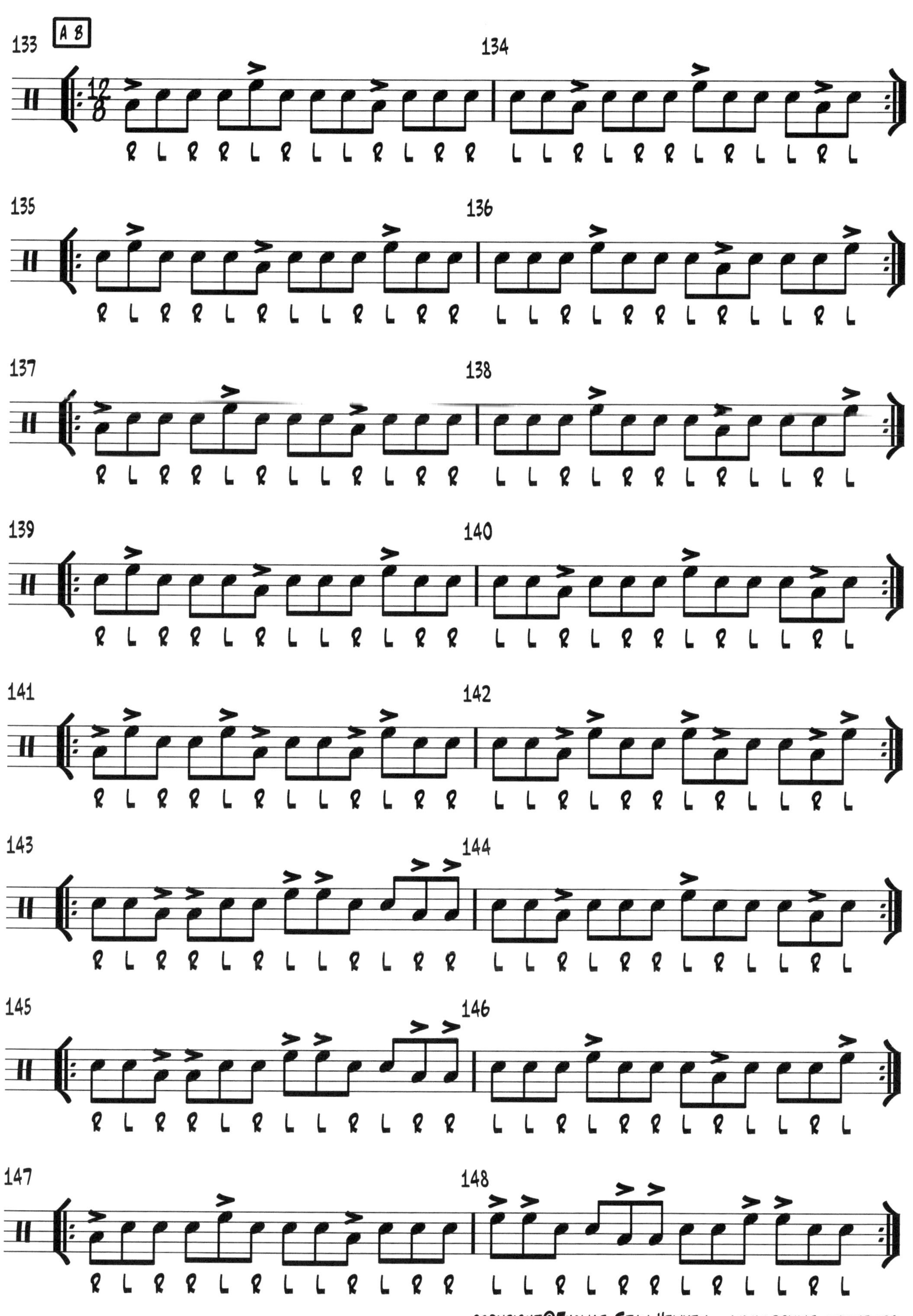

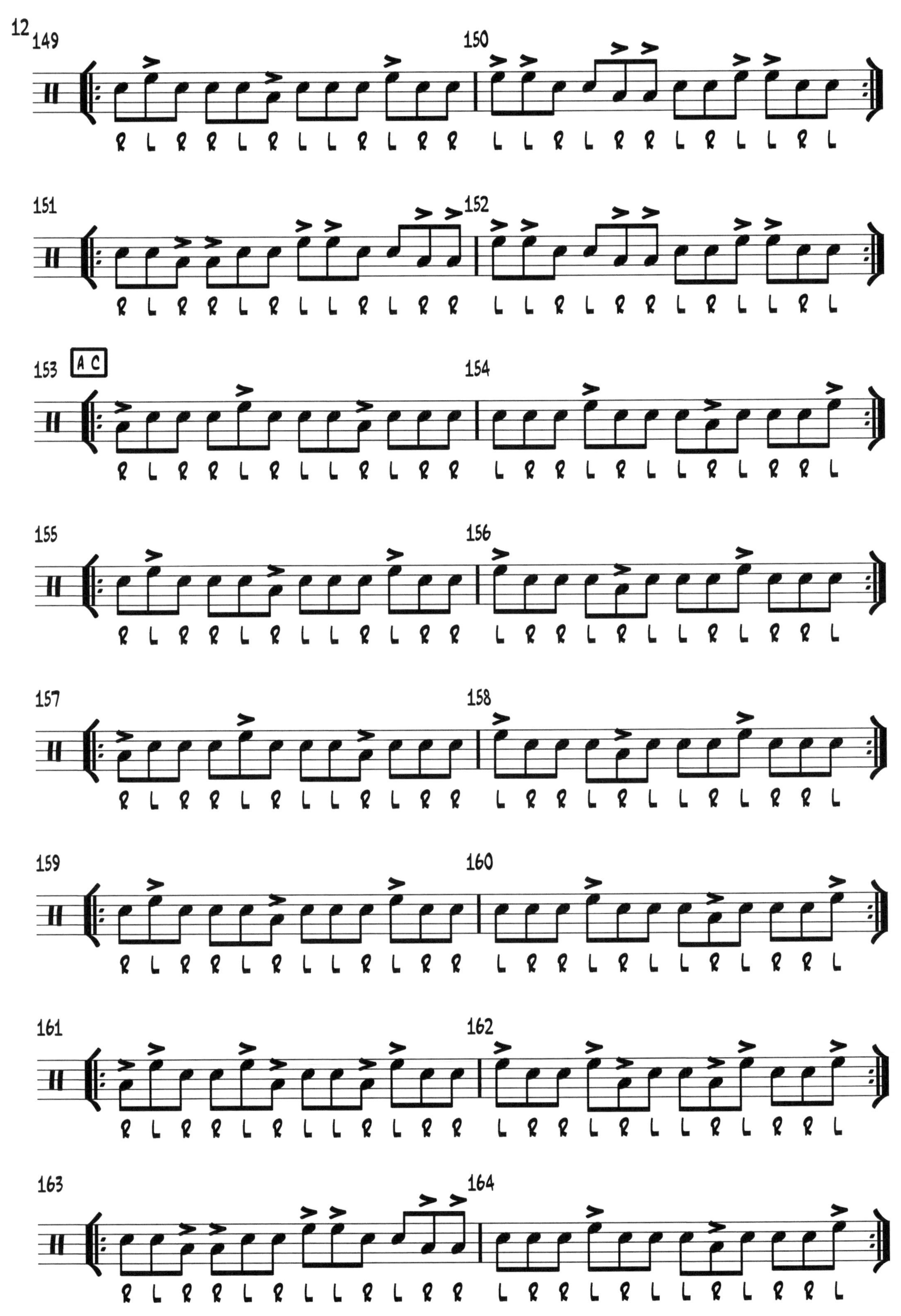
149
150
R L R R L R L L R L R R L L R L R R L R L L R L
151
152
R L R R L R L L R L R R L L R L R R L R L L R L
153
A C
154
R L R R L R L L R L R R L R R L R L L R L R R L
155
156
R L R R L R L L R L R R L R R L R L L R L R R L
157
158
R L R R L R L L R L R R L R R L R L L R L R R L
159
160
R L R R L R L L R L R R L R R L R L L R L R R L
161
162
R L R R L R L L R L R R L R R L R L L R L R R L
163
164
R L R R L R L L R L R R L R R L R L L R L R R L

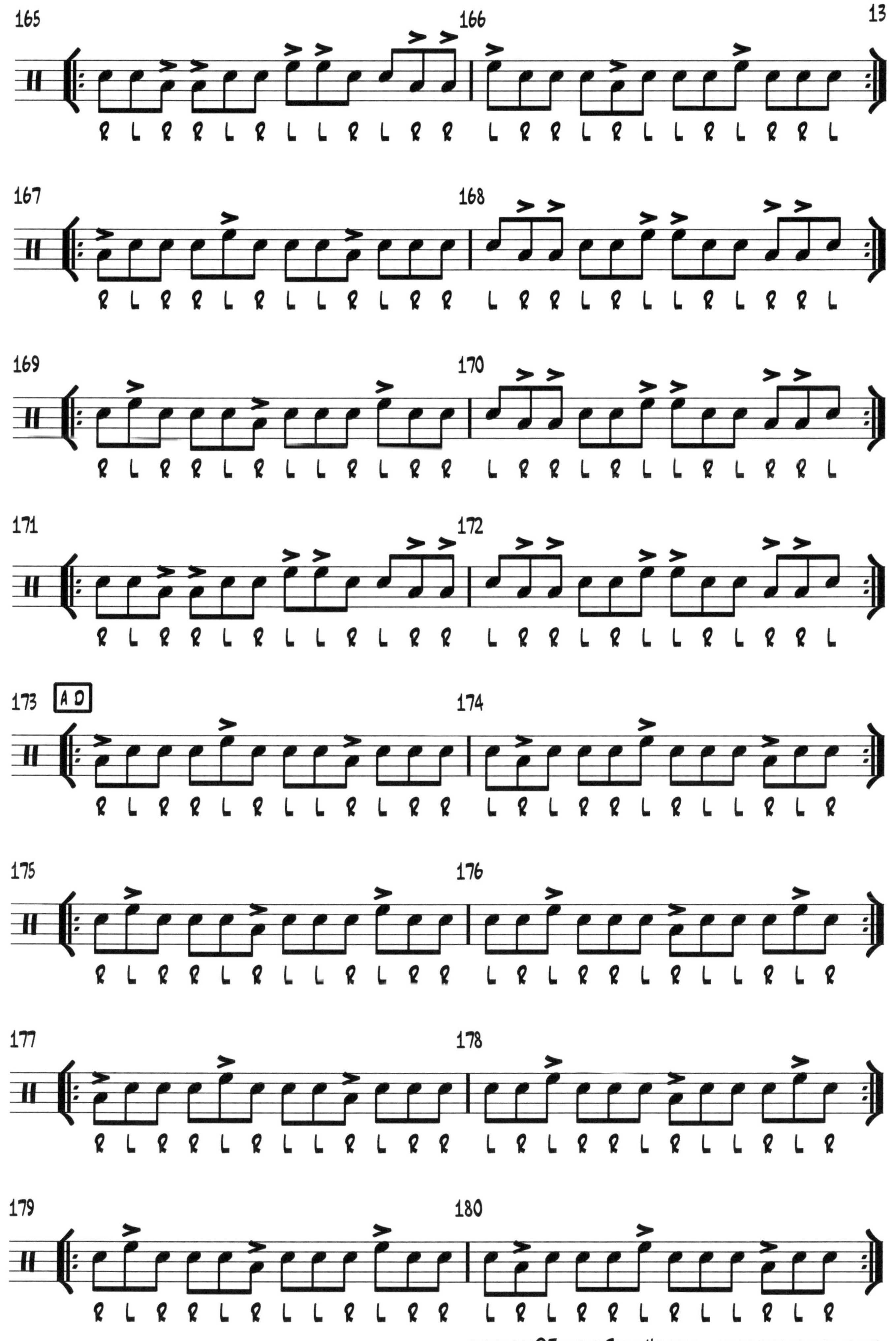
165
166
R L R R L R L L R L R R
L R R L R L L R L R R L
167
168
R L R R L R L L R L R R
L R R L R L L R L R R L
169
170
R L R R L R L L R L R R
L R R L R L L R L R R L
171
172
R L R R L R L L R L R R
L R R L R L L R L R R L
173
A D
174
R L R R L R L L R L R R
L R L R R L R L L R L R
175
176
R L R R L R L L R L R R
L R L R R L R L L R L R
177
178
R L R R L R L L R L R R
L R L R R L R L L R L R
179
180
R L R R L R L L R L R R
L R L R R L R L L R L R

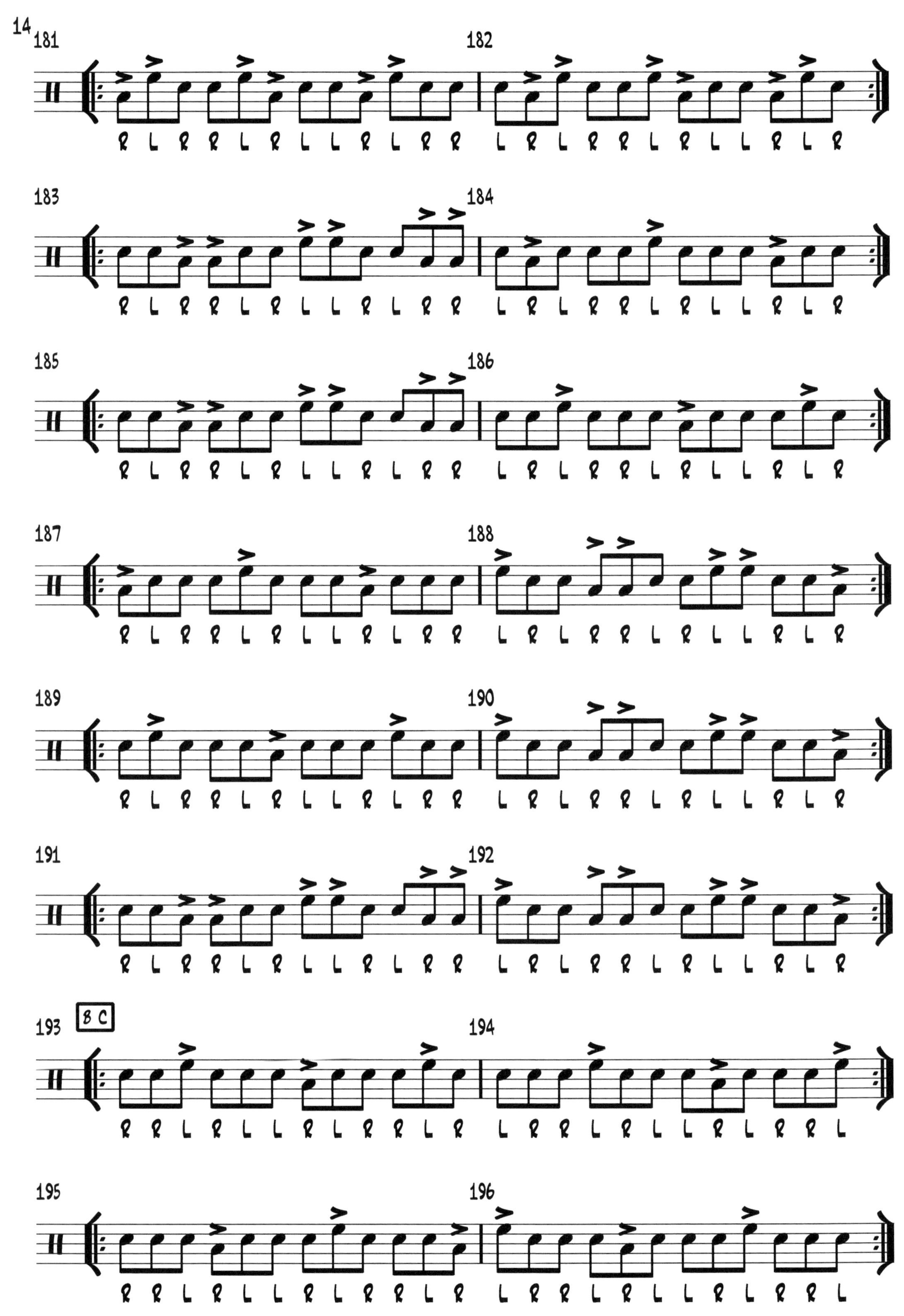
181
R L R R L R L L R L R R
182
L R L R R L R L L R L R
183
R L R R L R L L R L R R
184
L R L R R L R L L R L R
185
R L R R L R L L R L R R
186
L R L R R L R L L R L R
187
R L R R L R L L R L R R
188
L R L R R L R L L R L R
189
R L R R L R L L R L R R
190
L R L R R L R L L R L R
191
R L R R L R L L R L R R
192
L R L R R L R L L R L R
193
B C
R R L R L L R L R R L R
194
L R R L R L L R L R R L
195
R R L R L L R L R R L R
196
L R R L R L L R L R R L

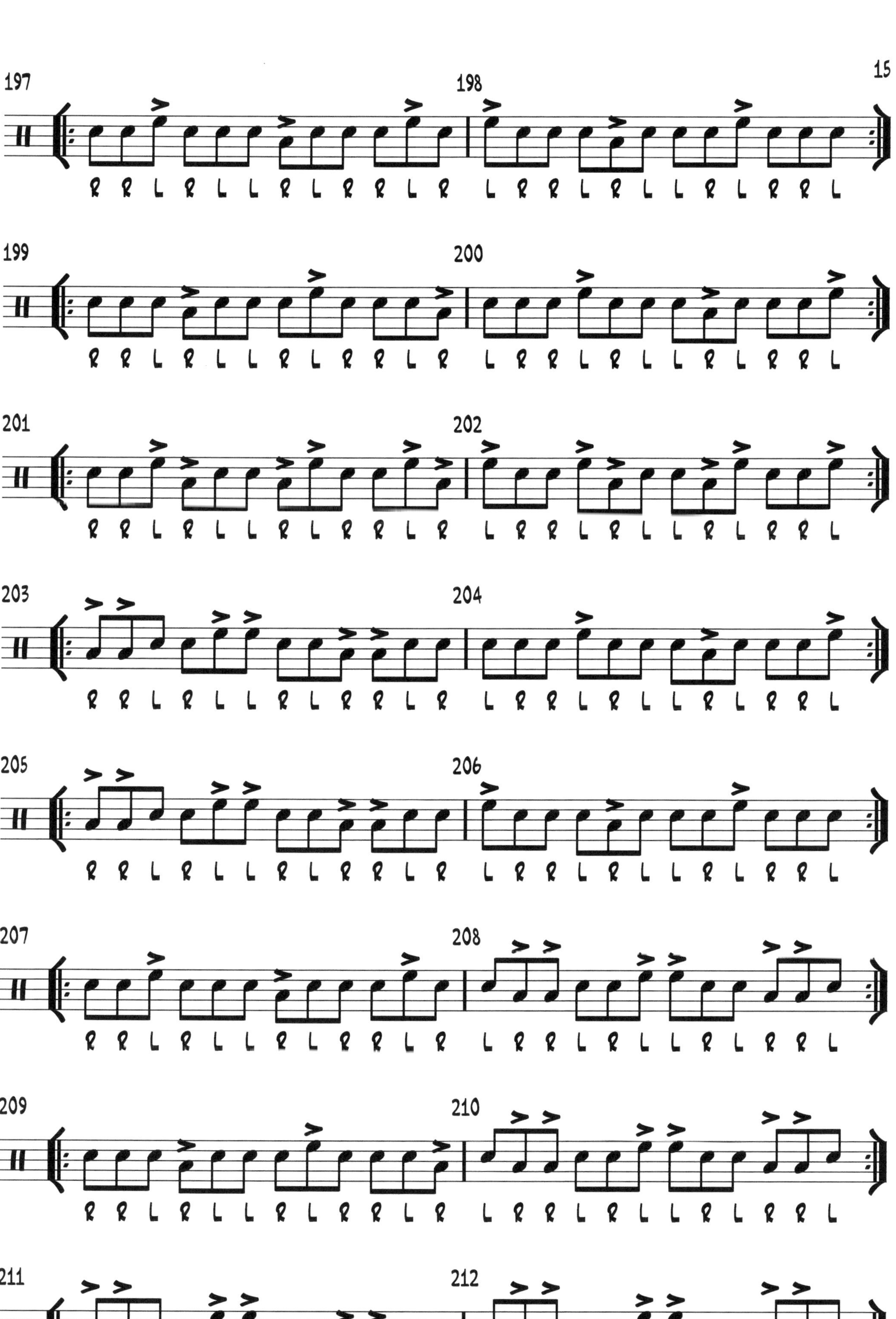
197
R R L R L L R L R R L R
198
L R R L R L L R L R R L
199
R R L R L L R L R R L R
200
L R R L R L L R L R R L
201
R R L R L L R L R R L R
202
L R R L R L L R L R R L
203
R R L R L L R L R R L R
204
L R R L R L L R L R R L
205
R R L R L L R L R R L R
206
L R R L R L L R L R R L
207
R R L R L L R L R R L R
208
L R R L R L L R L R R L
209
R R L R L L R L R R L R
210
L R R L R L L R L R R L
211
R R L R L L R L R R L R
212
L R R L R L L R L R R L

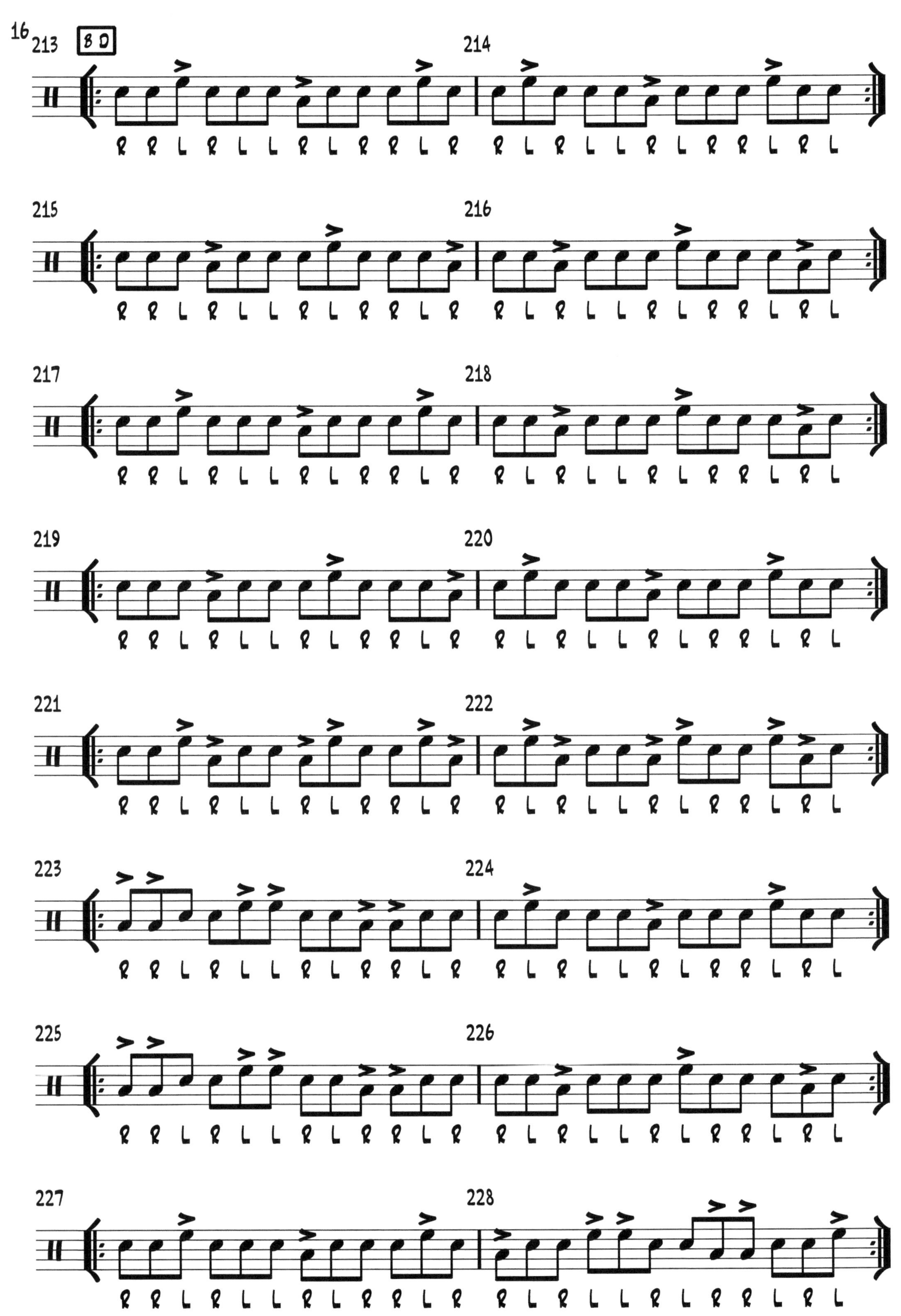

213
B D
214
R R L R L L R L R R L R
R L R L L R L R R L R L
215
216
R R L R L L R L R R L R
R L R L L R L R R L R L
217
218
R R L R L L R L R R L R
R L R L L R L R R L R L
219
220
R R L R L L R L R R L R
R L R L L R L R R L R L
221
222
R R L R L L R L R R L R
R L R L L R L R R L R L
223
224
R R L R L L R L R R L R
R L R L L R L R R L R L
225
226
R R L R L L R L R R L R
R L R L L R L R R L R L
227
228
R R L R L L R L R R L R
R L R L L R L R R L R L

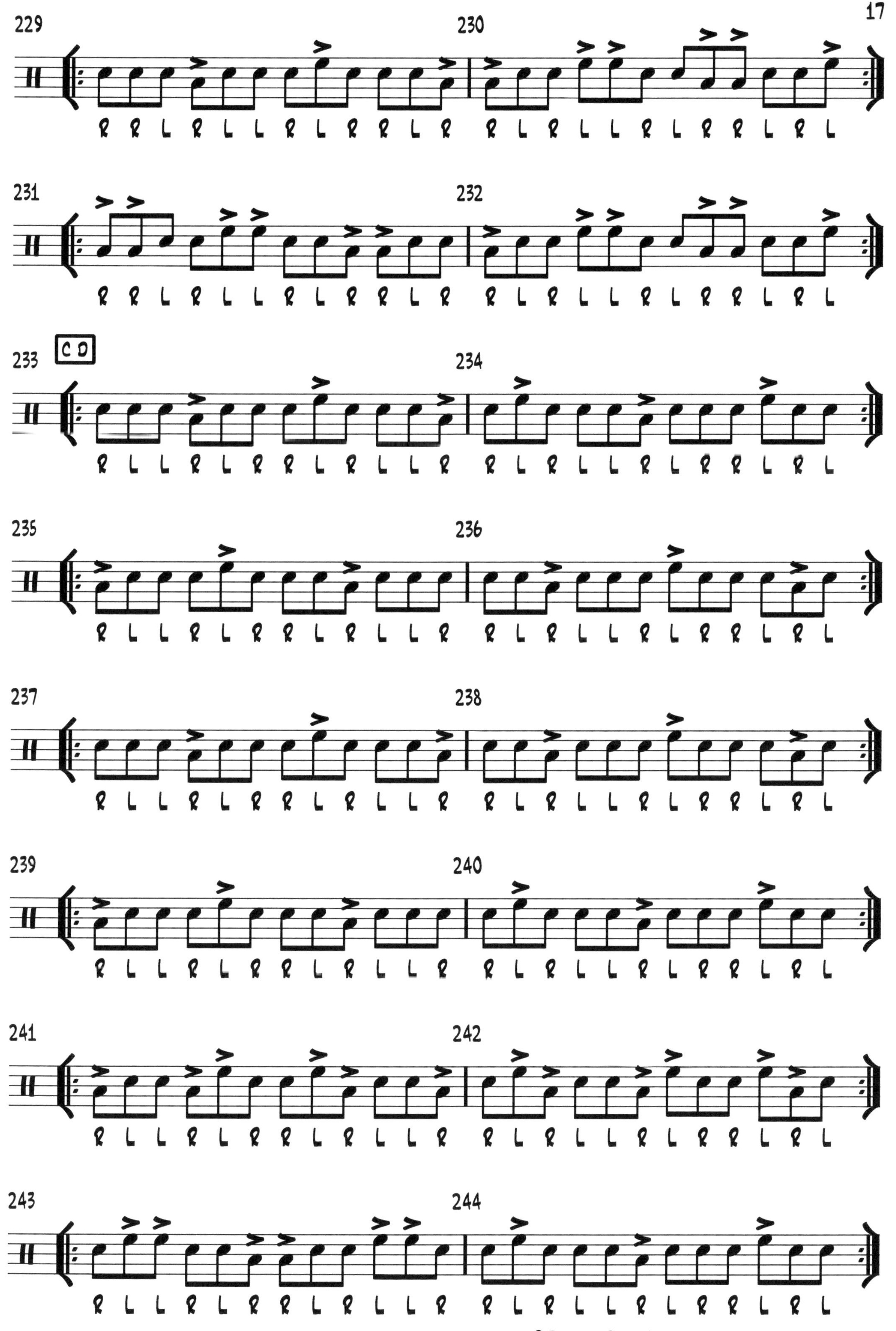
229
R R L R L L R L R R L R
230
R L R L L R L R R L R L
231
R R L R L L R L R R L R
232
R L R L L R L R R L R L
233
C D
R L L R L R R L R L L R
234
R L R L L R L R R L R L
235
R L L R L R R L R L L R
236
R L R L L R L R R L R L
237
R L L R L R R L R L L R
238
R L R L L R L R R L R L
239
R L L R L R R L R L L R
240
R L R L L R L R R L R L
241
R L L R L R R L R L L R
242
R L R L L R L R R L R L
243
R L L R L R R L R L L R
244
R L R L L R L R R L R L

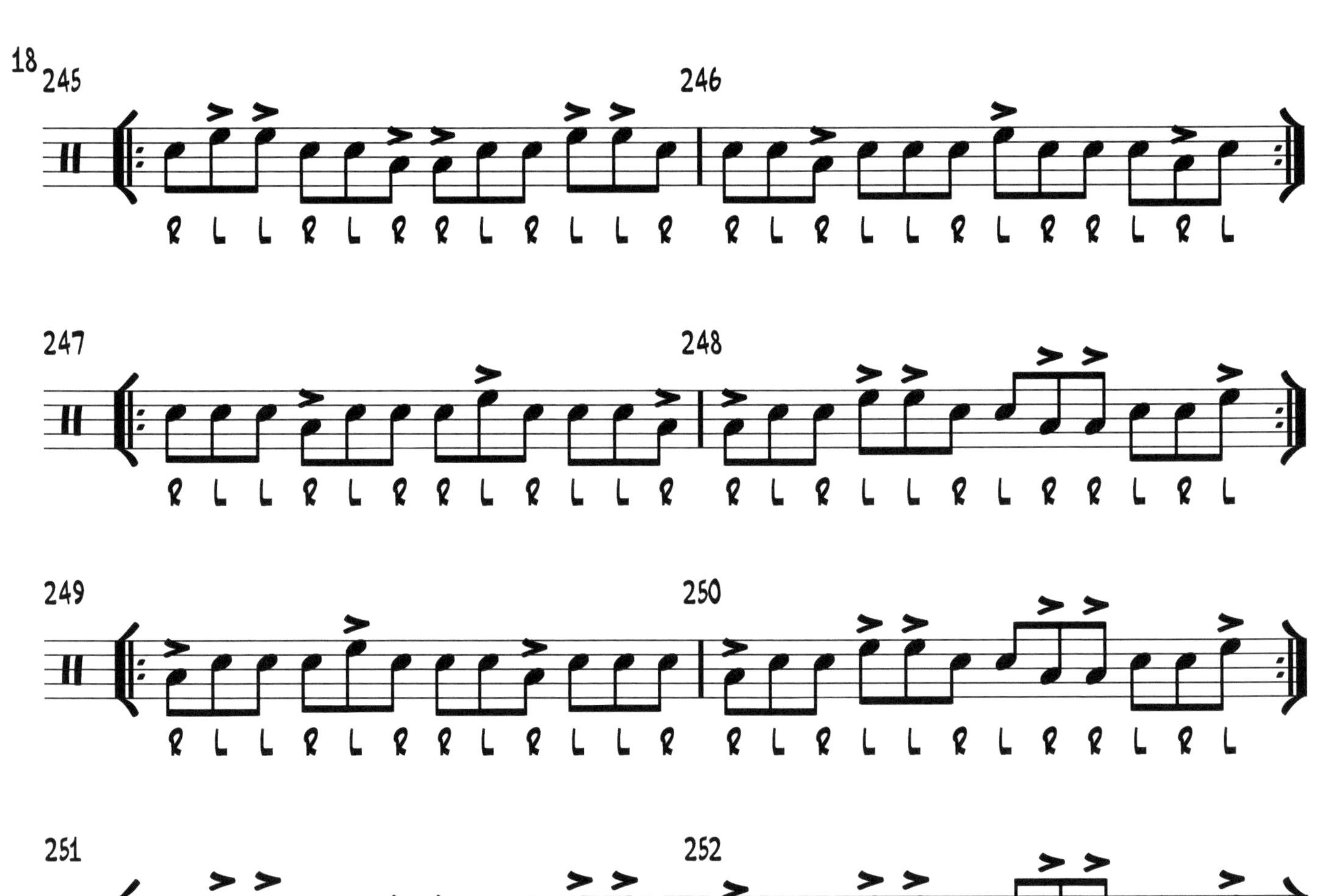
245
246
R L L R L R R L R L L R R L R L L R L R R L R L
247
248
R L L R L R R L R L L R R L R L L R L R R L R L
249
250
R L L R L R R L R L L R R L R L L R L R R L R L
251
252
R L L R L R R L R L L R R L R L L R L R R L R L

1/16 Combinations Triplets

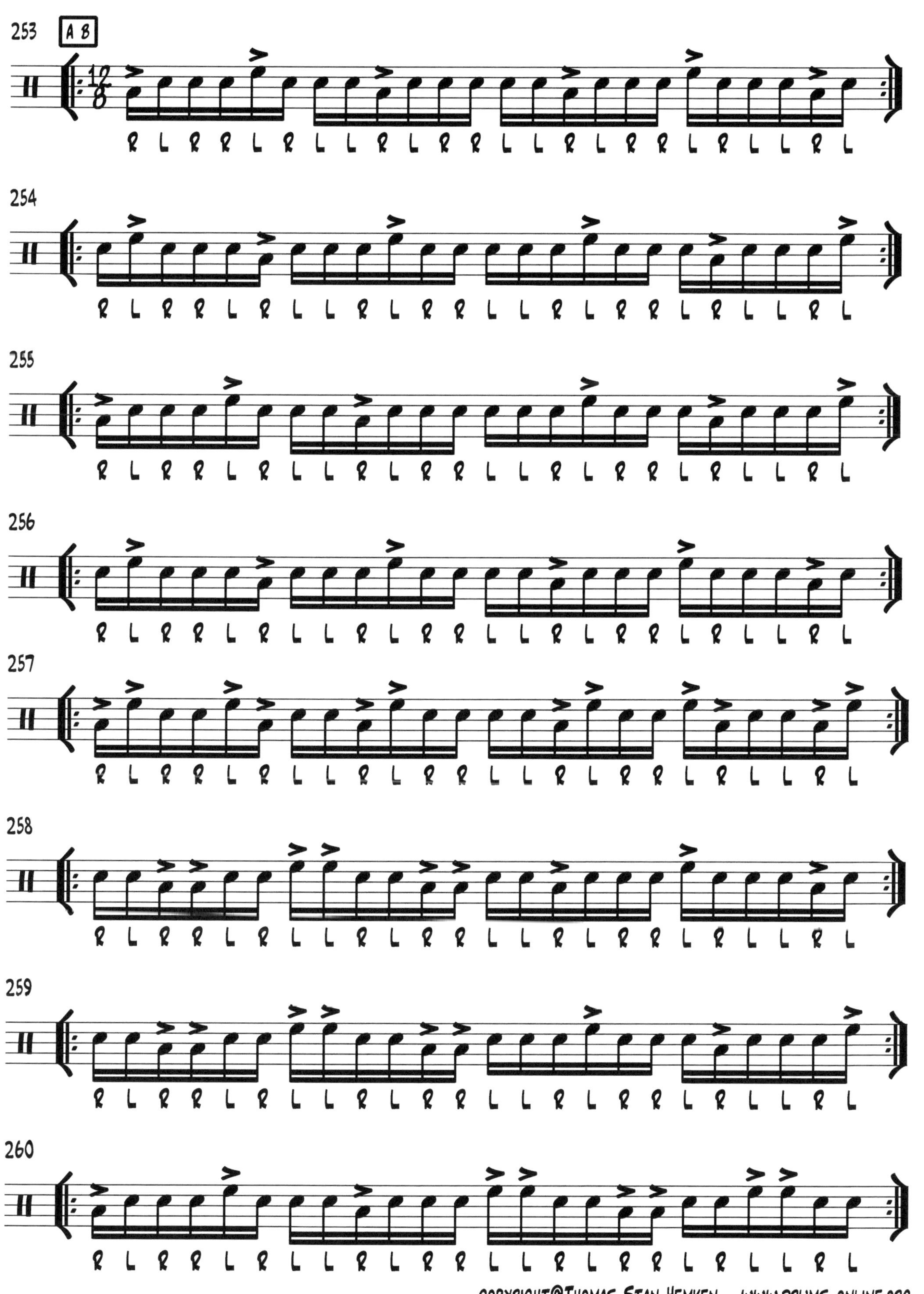

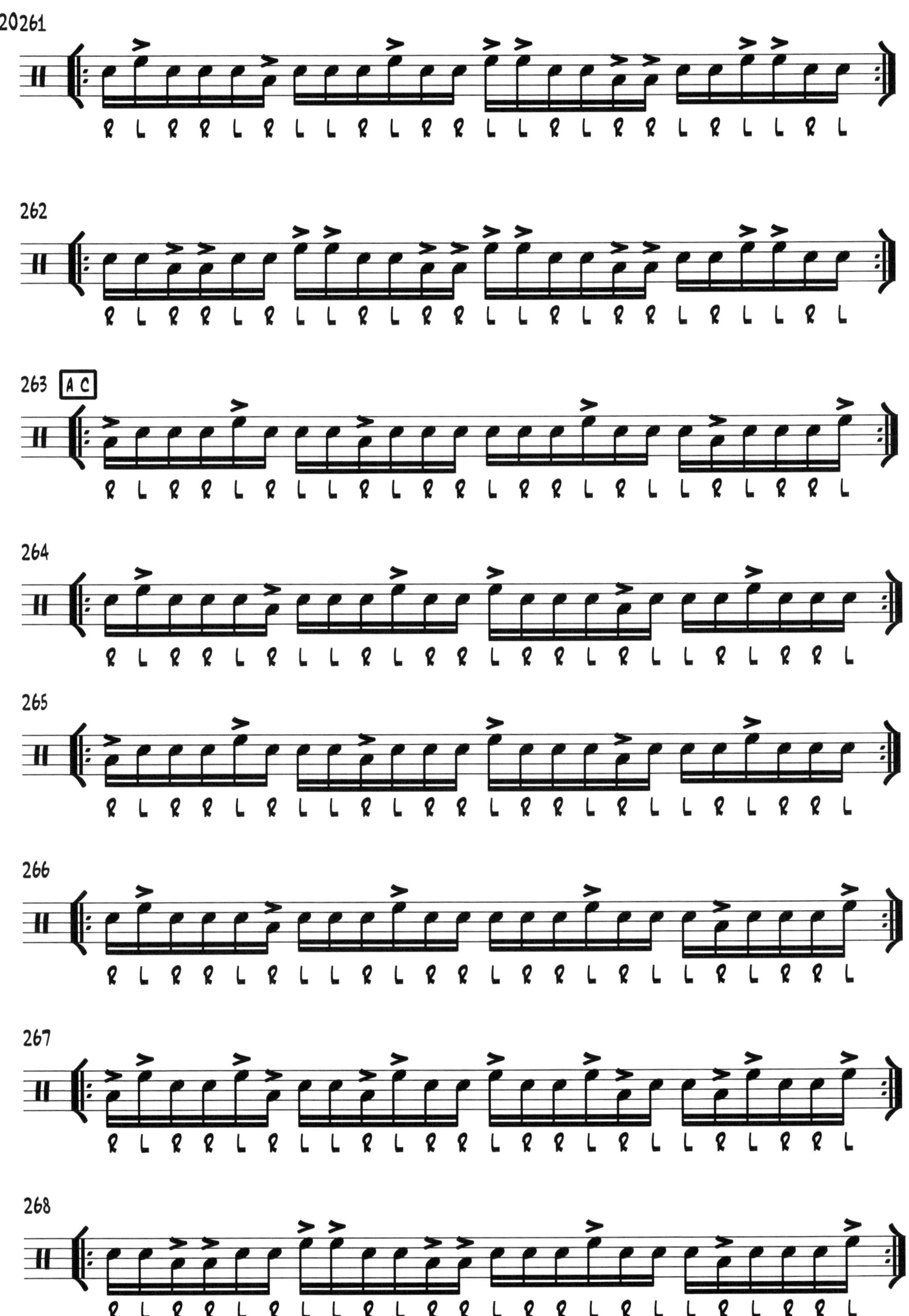
20261
R L R R L R L L R L R R L L R L R R L R L L R L
262
R L R R L R L L R L R R L L R L R R L R L L R L
263 A C
R L R R L R L L R L R R L R R L R L L R L R R L
264
R L R R L R L L R L R R L R R L R L L R L R R L
265
R L R R L R L L R L R R L R R L R L L R L R R L
266
R L R R L R L L R L R R L R R L R L L R L R R L
267
R L R R L R L L R L R R L R R L R L L R L R R L
268
R L R R L R L L R L R R L R R L R L L R L R R L

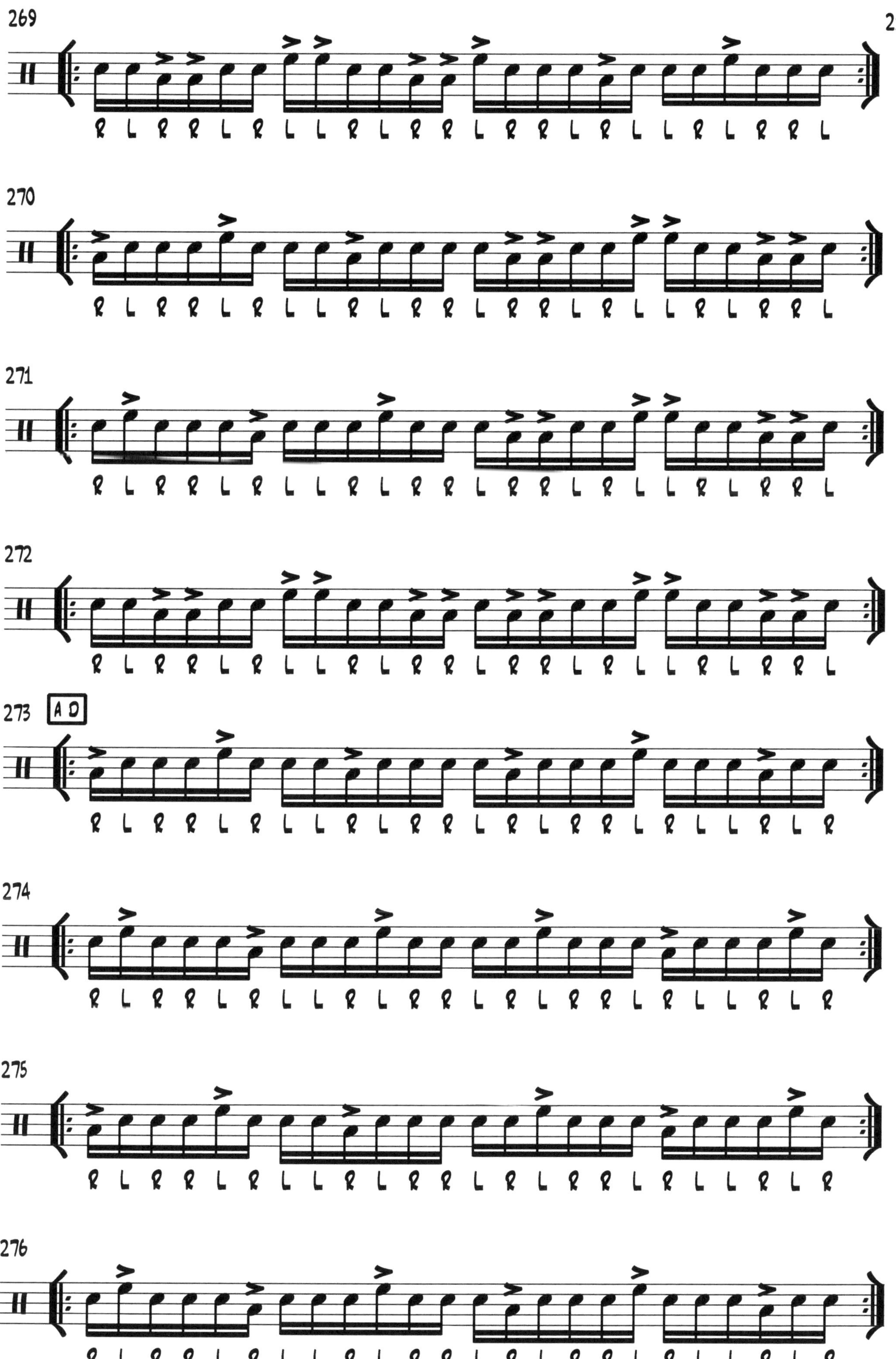
269
R L R R L R L L R L R R L R R L R L L R L R R L
270
R L R R L R L L R L R R L R R L R L L R L R R L
271
R L R R L R L L R L R R L R R L R L L R L R R L
272
R L R R L R L L R L R R L R R L R L L R L R R L
273
AD
R L R R L R L L R L R R L R L R R L R L L R L R
274
R L R R L R L L R L R R L R L R R L R L L R L R
275
R L R R L R L L R L R R L R L R R L R L L R L R
276
R L R R L R L L R L R R L R L R R L R L L R L R

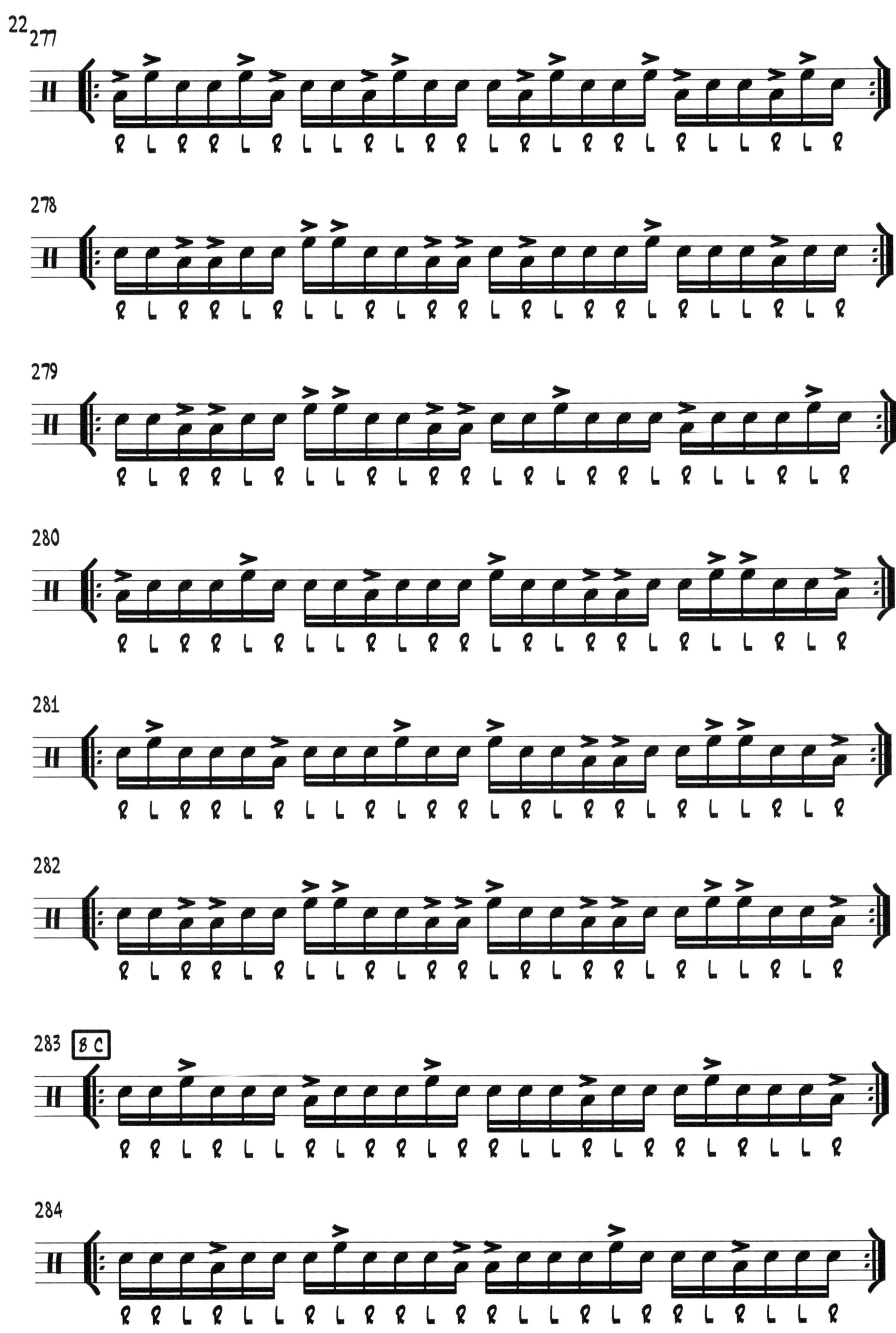
277
R L R R L R L L R L R R L R L R R L R L L R L R
278
R L R R L R L L R L R R L R L R R L R L L R L R
279
R L R R L R L L R L R R L R L R R L R L L R L R
280
R L R R L R L L R L R R L R L R R L R L L R L R
281
R L R R L R L L R L R R L R L R R L R L L R L R
282
R L R R L R L L R L R R L R L R R L R L L R L R
283 B C
R R L R L L R L R R L R R L L R L R R L R L L R
284
R R L R L L R L R R L R R L L R L R R L R L L R

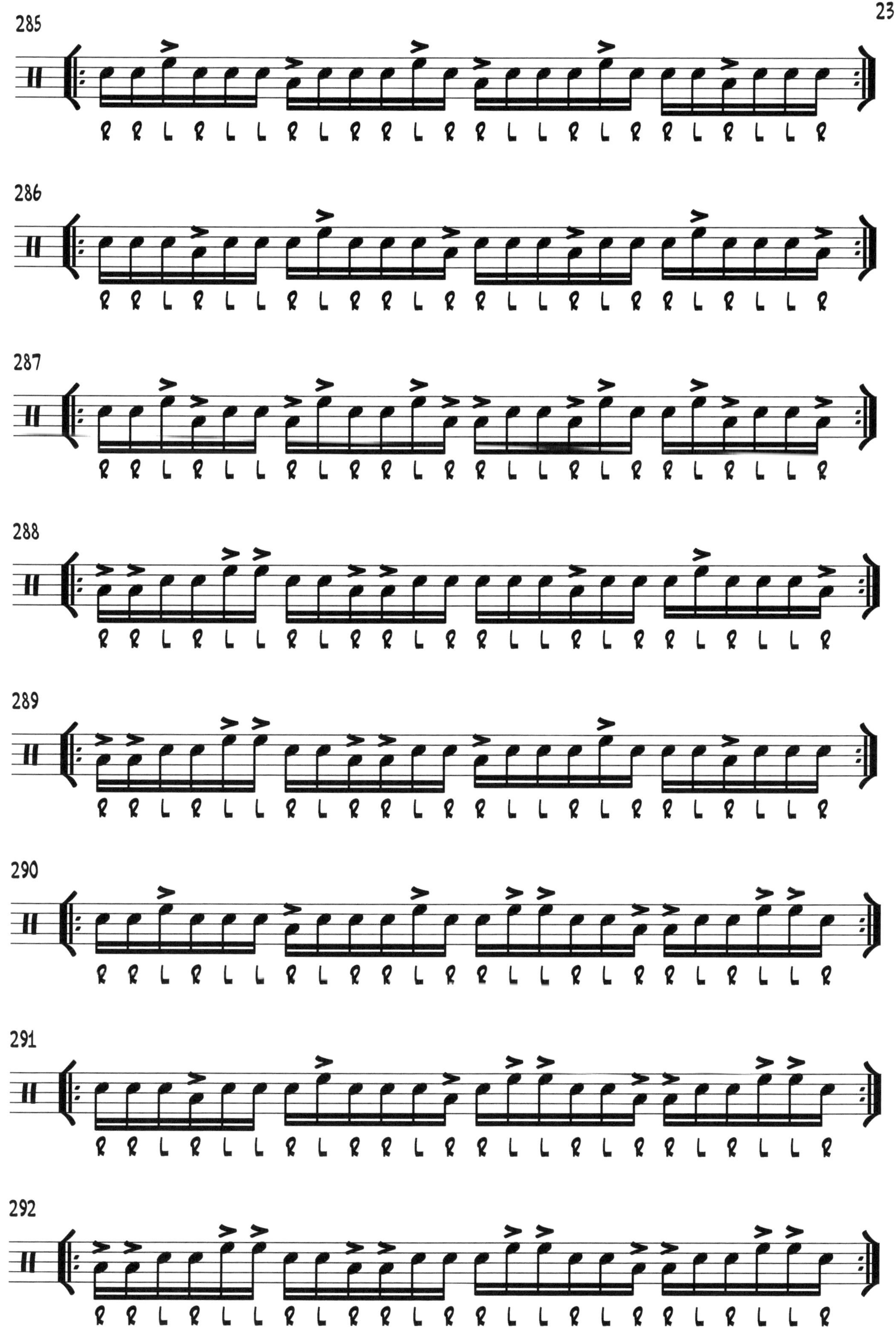
285
R R L R L L R L R R L R R L L R L R R L R L L R
286
R R L R L L R L R R L R R L L R L R R L R L L R
287
R R L R L L R L R R L R R L L R L R R L R L L R
288
R R L R L L R L R R L R R L L R L R R L R L L R
289
R R L R L L R L R R L R R L L R L R R L R L L R
290
R R L R L L R L R R L R R L L R L R R L R L L R
291
R R L R L L R L R R L R R L L R L R R L R L L R
292
R R L R L L R L R R L R R L L R L R R L R L L R

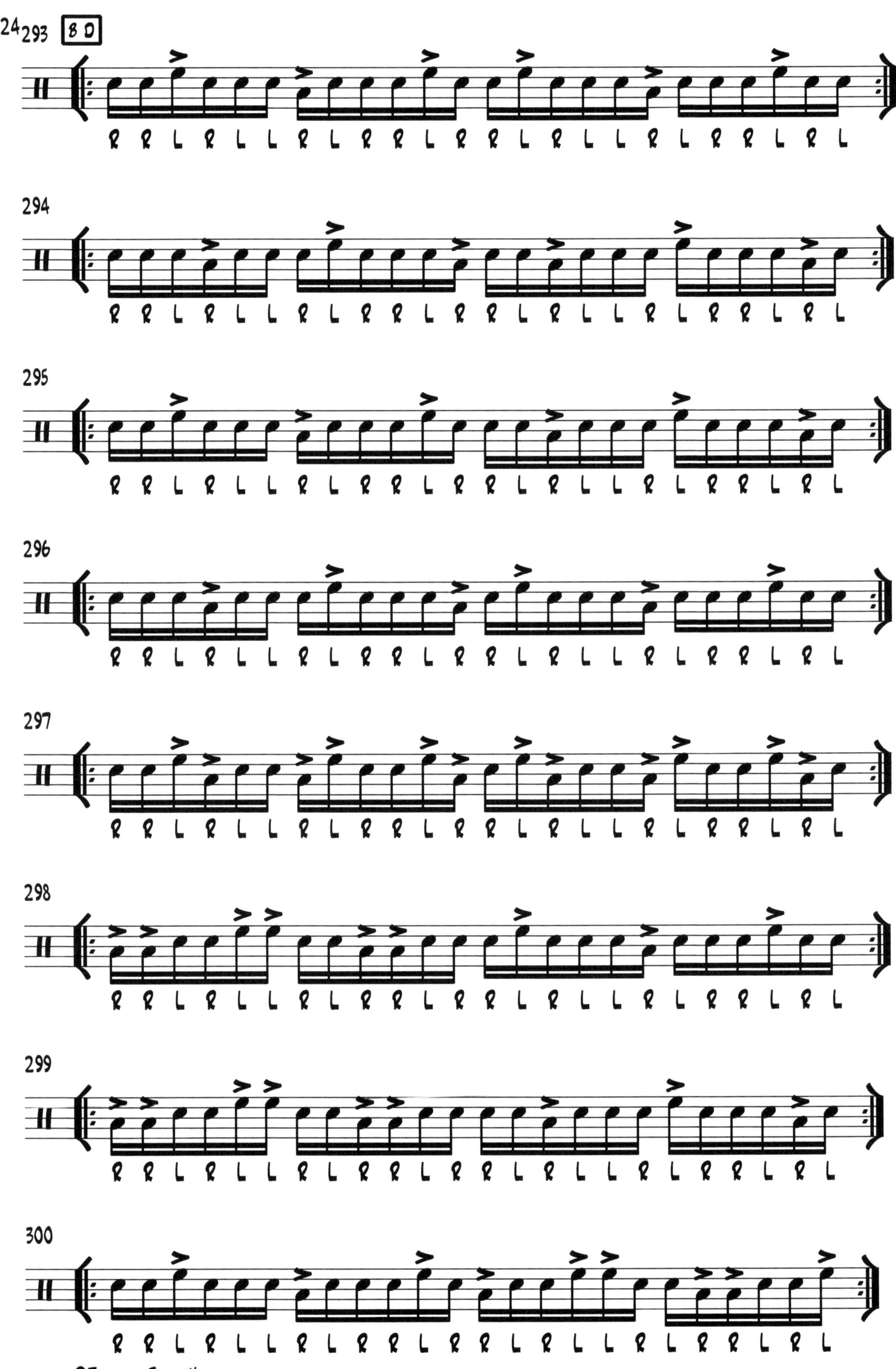
293
B D
R R L R L L R L R R L R R L R L L R L R R L R L
294
R R L R L L R L R R L R R L R L L R L R R L R L
295
R R L R L L R L R R L R R L R L L R L R R L R L
296
R R L R L L R L R R L R R L R L L R L R R L R L
297
R R L R L L R L R R L R R L R L L R L R R L R L
298
R R L R L L R L R R L R R L R L L R L R R L R L
299
R R L R L L R L R R L R R L R L L R L R R L R L
300
R R L R L L R L R R L R R L R L L R L R R L R L

301

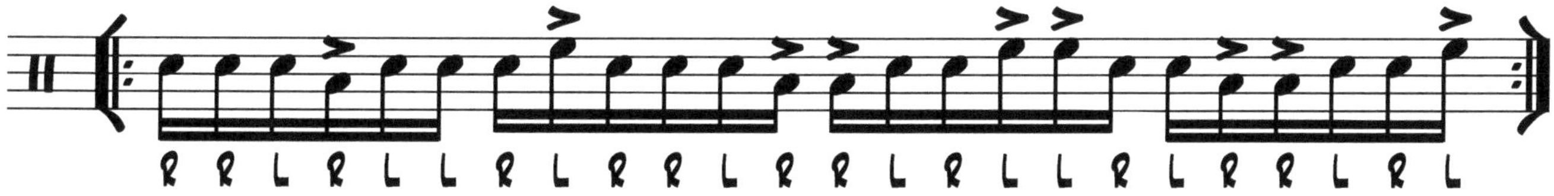

R R L R L L R L R R L R R L R L L R L R R L R L

302

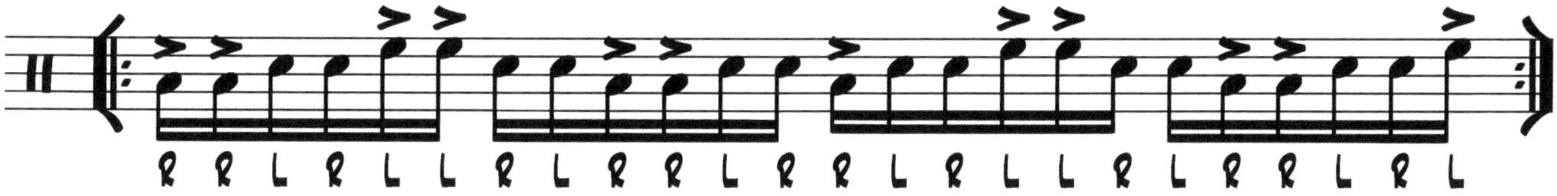

R R L R L L R L R R L R R L R L L R L R R L R L

303 C D

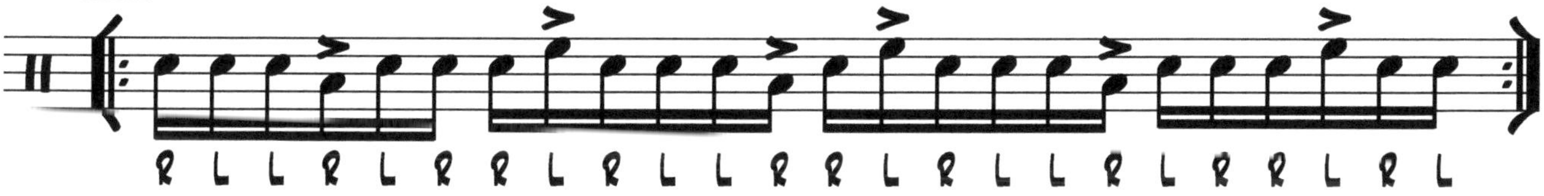

R L L R L R R L R L L R R L R L L R L R R L R L

304

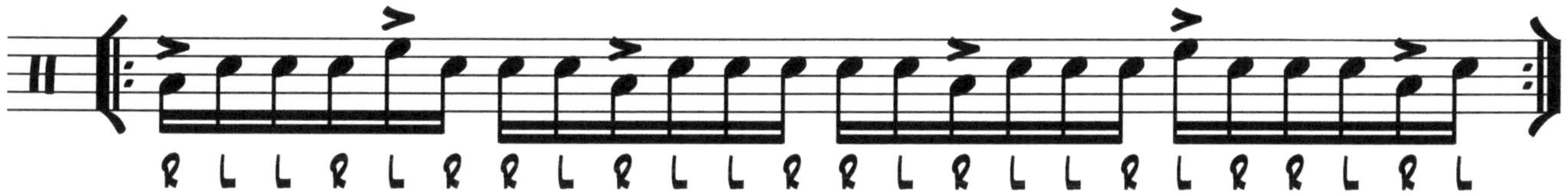

R L L R L R R L R L L R R L R L L R L R R L R L

305

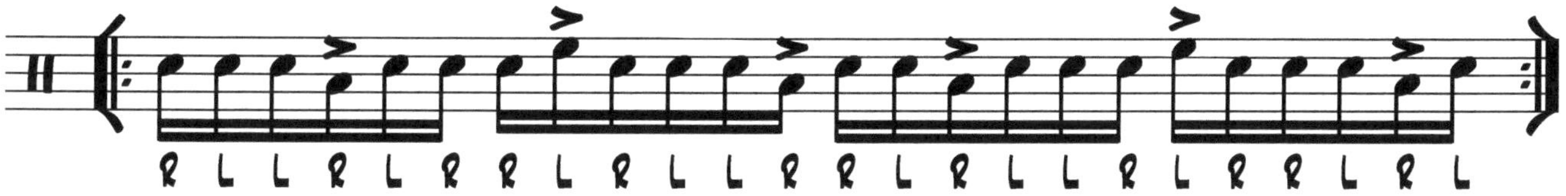

R L L R L R R L R L L R R L R L L R L R R L R L

306

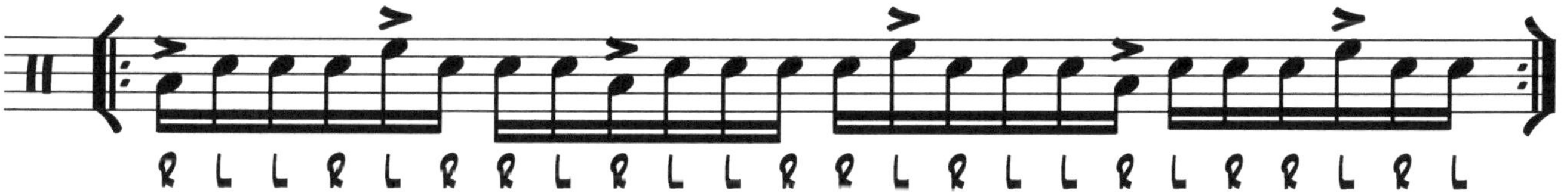

R L L R L R R L R L L R R L R L L R L R R L R L

307

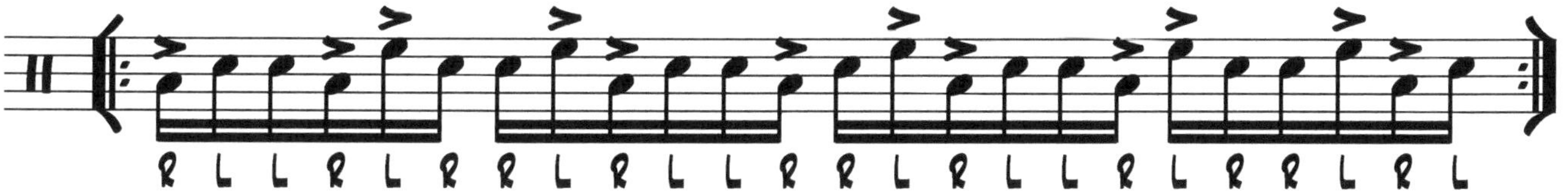

R L L R L R R L R L L R R L R L L R L R R L R L

308

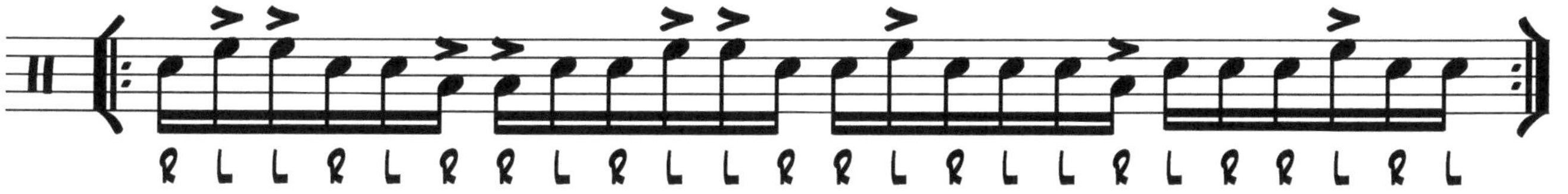

R L L R L R R L R L L R R L R L L R L R R L R L

309

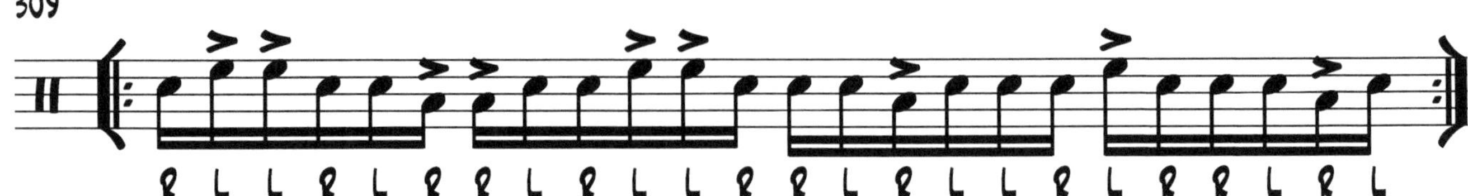

310

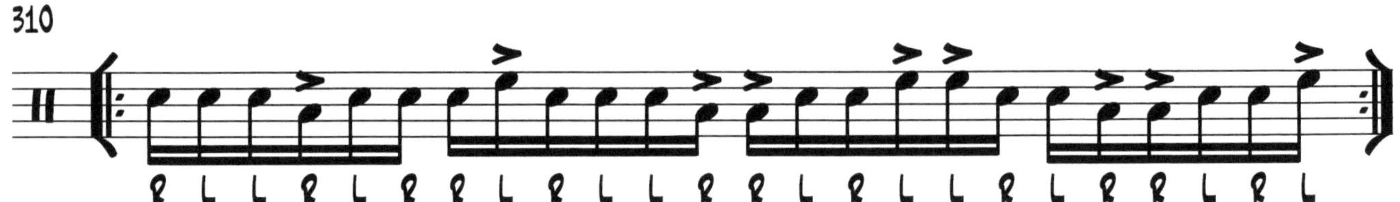

311

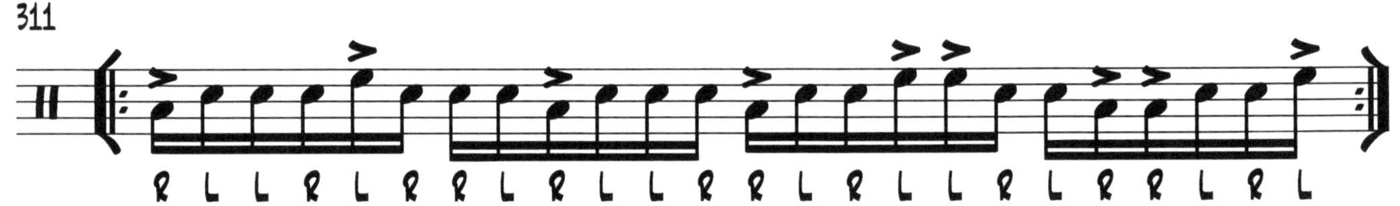

312

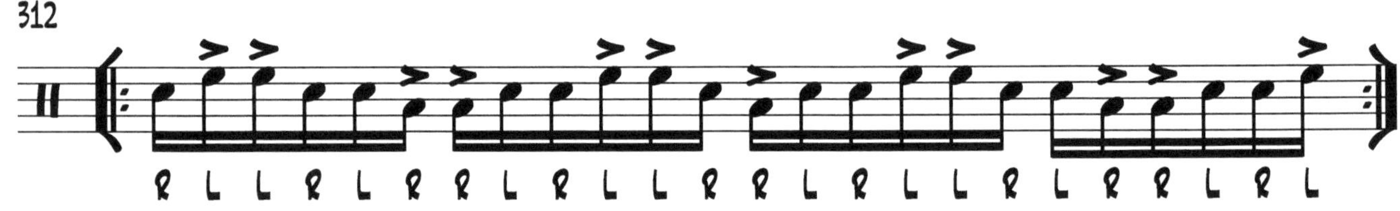

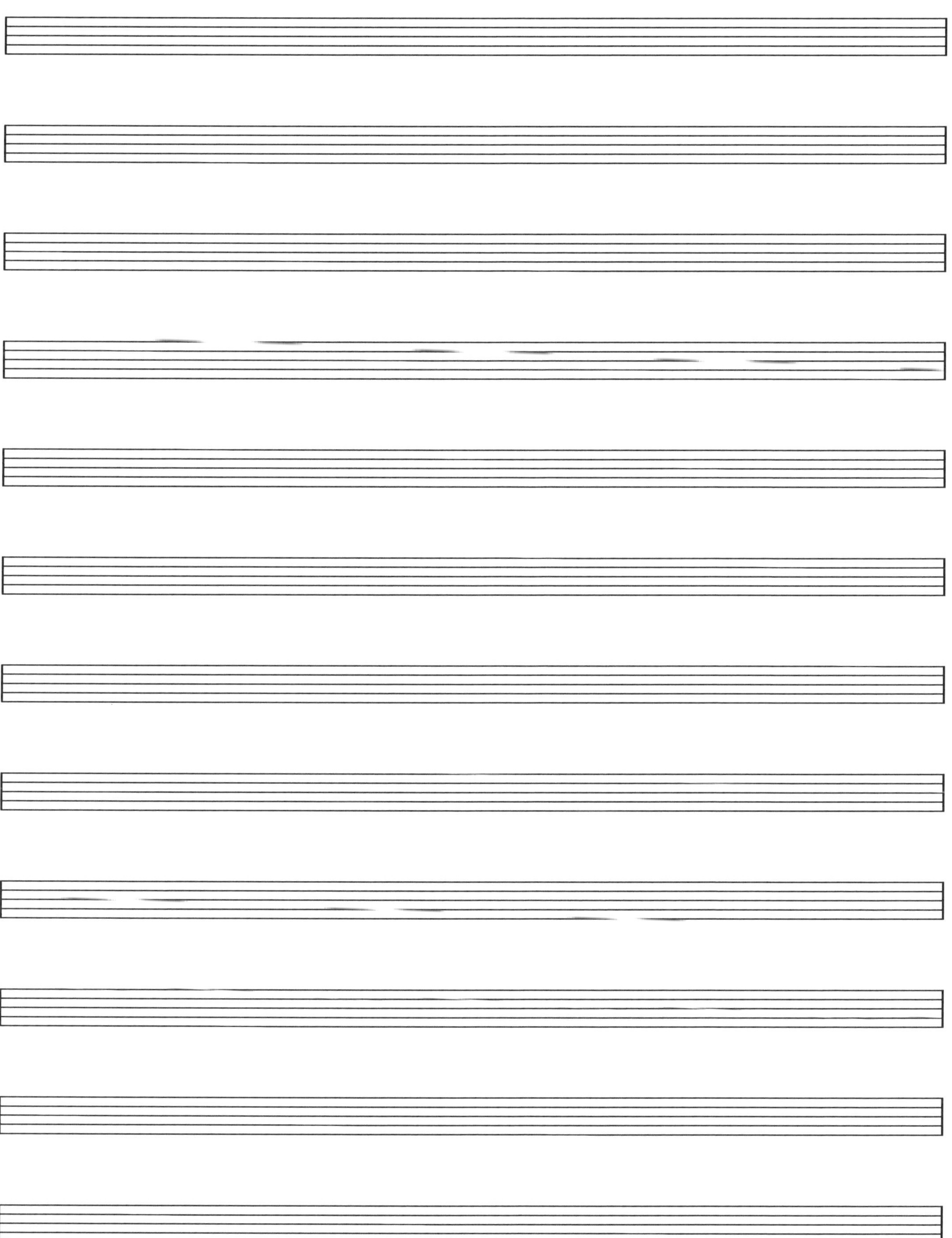

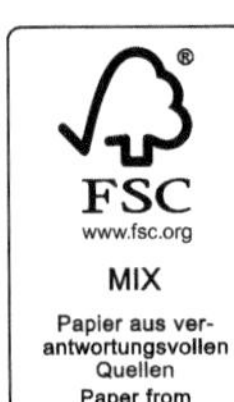
FSC
www.fsc.org
MIX
Papier aus verantwortungsvollen Quellen
Paper from responsible sources
FSC® C105338